新时代新理念职业教育教材·铁道运输类
铁道交通运营管理、高速铁路客运服务专业系列教材
校企“双元”合作开发教材

铁路客运规章

主　编　袁绍东　孙志辉
副主编　李军委　李　晗　张童一

U0913422

北京交通大学出版社
·北京·

内 容 简 介

本书依据教育部发布的《职业学校专业教学标准》、《职业教育专业简介》（2022 年修订）等规范、文件进行编写，力图体现职业教育教学改革的新要求。本书共 6 个模块，分别为客运运价、旅客运送条件、行包运输、特定运输、路内运输、非正常情况应急处置。

本书以职业岗位能力要求为主线构建知识和技能展现体系，内容精练、案例丰富、图文并茂，适合作为高等、中等职业教育铁道交通运营管理、高速铁路客运服务等铁道运输类专业的教材，也可作为铁路企业职工培训教材。

版权所有，侵权必究。

图书在版编目（CIP）数据

铁路客运规章 / 袁绍东，孙志辉主编. —北京：北京交通大学出版社，2024. 3
ISBN 978-7-5121-4387-6

Ⅰ. ① 铁… Ⅱ. ① 袁… ② 孙… Ⅲ. ① 铁路运输-旅客运输-规章制度-中国 Ⅳ. ① U293. 1

中国国家版本馆 CIP 数据核字（2024）第 009738 号

铁路客运规章
TIELU KEYUN GUIZHANG

策划编辑：刘 辉　　责任编辑：刘 辉
出版发行：北京交通大学出版社　　电话：010-51686414　　http：//www. bjtup. com. cn
地　　址：北京市海淀区高梁桥斜街 44 号　　邮编：100044
印 刷 者：北京时代华都印刷有限公司
经　　销：全国新华书店
开　　本：185 mm×260 mm　　印张：10. 5　　字数：261 千字
版 印 次：2024 年 3 月第 1 版　　2024 年 3 月第 1 次印刷
定　　价：39. 80 元

本书如有质量问题，请向北京交通大学出版社质监组反映。对您的意见和批评，我们表示欢迎和感谢。
投诉电话：010－51686043，51686008；传真：010－62225406；E-mail：press@ bjtu.edu.cn。

前 言

随着《职业学校专业教学标准》、《职业教育专业简介》（2022 年修订）等规范、文件的发布，职业教育迎来了规范化发展的新阶段。铁路行业是关系国计民生的重要基础性行业，对于职业技能型人才有巨大的需求。本书的编写旨在促进铁路行业技能型人才的培养。

本书的主编曾荣获“火车头奖章”“全路技术能手”“全路新长征突击手”等荣誉，具有 10 年客运车站工作经验、12 年铁路职教培训经验，培养了 30 多名铁路局级技术状元，先后为几十家客运站段进行铁路客运规章讲解，对铁路客运规章有深刻的理解。编写团队在编写过程中，根据职业教育教学改革的新要求，以职业岗位能力要求为主线构建知识和技能展现体系。

本书共 6 个模块，分别为客运运价、旅客运送条件、行包运输、特定运输、路内运输、非正常情况应急处置。本书内容精练、案例丰富、图文并茂，适合作为高等、中等职业教育铁道交通运营管理、高速铁路客运服务等铁道运输类专业的教材，也可作为铁路企业职工培训教材。

本书由袁绍东、孙志辉担任主编，李军委、李晗、张童一担任副主编。由于编者水平有限，本书难免存在不妥之处，恳请广大读者批评指正。反馈意见、建议，索取相关教学资源，请与出版社编辑刘辉联系（邮箱：hliu3@ bjtu.edu.cn；微信：BJTUPLLT）。

编　者

2024 年 3 月

目录

模块1 客运运价

任务 1.1 铁路运价认知

1. 价格基础知识

1997 年 12 月 29 日第八届全国人民代表大会常务委员会第二十九次会议通过了《中华人民共和国价格法》。

《中华人民共和国价格法》第三条规定："国家实行并逐步完善宏观经济调控下主要由市场形成价格的机制。价格的制定应当符合价值规律，大多数商品和服务价格实行市场调节价，极少数商品和服务价格实行政府指导价或者政府定价。"

根据《中华人民共和国价格法》，价格分为三种，即政府定价、政府指导价和市场调节价。市场调节价就是常指的市场价。

政府定价是指由政府价格主管部门或者其他有关部门，按照定价权限和范围制定的价格。政府指导价是按照定价权限和范围基准价及其浮动幅度，指导经营者制定的价格。市场调节价是指由经营者自主制定，通过市场竞争形成的价格。

2. 铁路运价基础知识

铁路作为大众化交通工具，是国家重要的基础设施。铁路运价既关系到铁路正常运营发展，又关系到群众日常出行和切身利益。铁路运价实行政府定价或政府指导价。从铁道部撤销，中国铁路总公司成立，到后来中国铁路总公司改制为中国国家铁路集团有限公司，这种运价管理方式没有改变。

现行铁路运价管理方式是依据《中华人民共和国价格法》和《政府定价目录》，由国务院价格、铁路主管部门管理，实行政府定价或政府指导价。国家对调整铁路运价非常慎重，会综合考虑铁路正常运营和建设需要、社会承受能力、促进各种运输方式协调发展等因素。其中，对铁路旅客运输基础票价调整按照规定实行听证制度。

铁道部撤销后，根据国务院机构改革和职能转变方案，国家继续支持铁路建设发展，加快推进铁路投融资体制改革和运价改革，建立健全规范的公益性线路和运输补贴机制，继续深化铁路企业改革。考虑铁路客运的公益性，铁路运价调整没有像油价调整一样频繁，保持着基本稳定。

3. 全部旅客运输费用

国家铁路客运运价由旅客票价、行李及包裹运价组成。客运运价与客运杂费构成全部旅客运输费用。国家铁路的旅客票价率及行包（行李及包裹）运价率由国务院铁路主管部门拟定，报国务院批准；客运杂费由国务院铁路主管部门规定。全部旅客运输费用构成如图 1-1 所示。

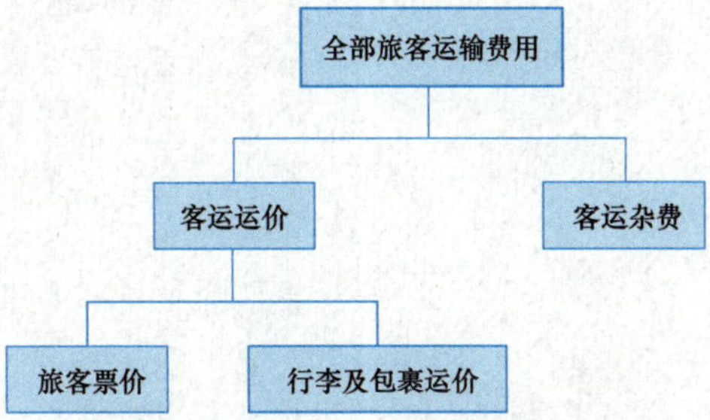

图 1-1 全部旅客运输费用构成

任务 1.2 客运运价里程

1. 运价里程的定义

计算运价所使用的里程，称为运价里程，它是计算客运运价的依据。运价里程分为客运运价里程和货运运价里程。全路的客运运价里程由《铁路客运运价里程表》公布，它是《铁路旅客运输规程》的组成部分，是用以计算旅客票价及行李、包裹运价的依据，也是查找和确认车站有无相关营业（客货）办理限制的依据。不同时期的《铁路客运运价里程表》封面如图 1-2 所示，《铁路旅客运输规程》及《中国国家铁路集团有限公司铁路旅客运输规程》封面如图 1-3 所示。

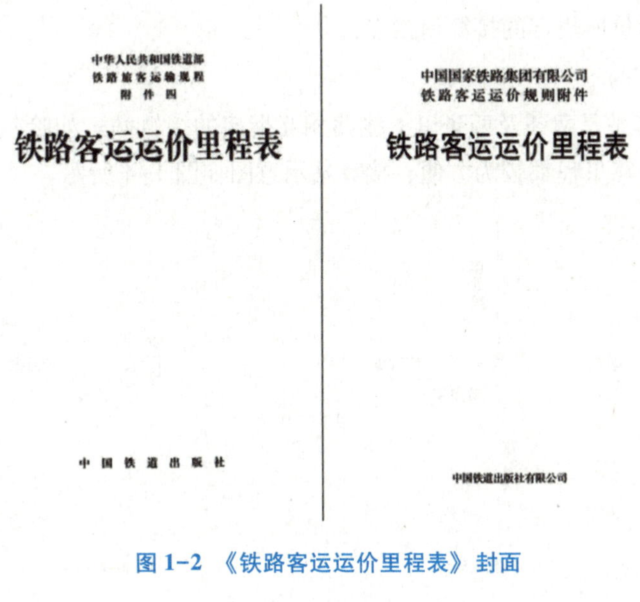

图 1-2 《铁路客运运价里程表》封面

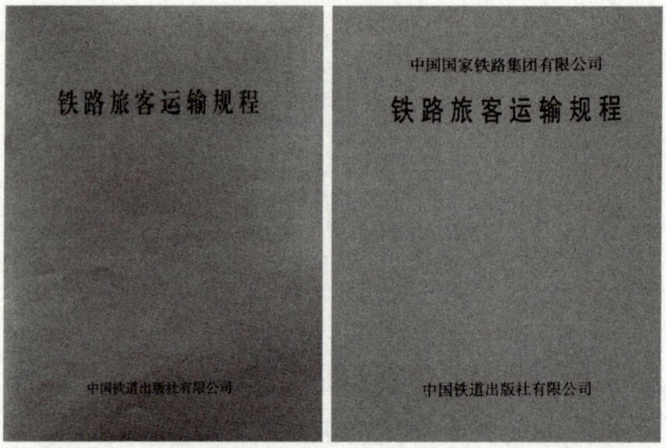

图 1-3 《铁路旅客运输规程》及《中国国家铁路集团有限公司铁路旅客运输规程》封面

《铁路客运运价里程表》中载入的客运营业站，均为国家铁路的正式客运营业站，以及与国家铁路办理直通运输的地方铁路客运营业站、合资铁路客运营业站。

2. 客运运价里程的确定

1）确定客运运价里程的方法

首先从汉语拼音或笔画站名首字索引表中，查出“站名索引表”的页数，再从“站名索引表”中查出发、到站的站名“里程表”页数，并从站名“里程表”中确认到站有无营业办理限制。然后根据规定的或旅客制定的乘车径路和乘坐列车车次，从《铁路客运运价里程表》中查出乘车里程，或分段计算出全部乘车里程，如发、到站在同一线路上时，用两站到本线路起点或终点的里程相减，即可求出两站间的里程，如发、到站跨及两条及两条以上线路时，应按规定的接算站接算。

2）接算站

所谓规定的接算站，就是为了将发、到站间跨及两条以上不同的线路衔接起来，进行里程加总计算票价和运价所规定的接算衔接点。

3）接算站的种类

（1）大多数接算站是两条及两条以上线路相互衔接的接轨站。如哈尔滨、株洲等站。此类接算站，查找、计算里程都较为方便，接算站示意图如图 1-4 所示。

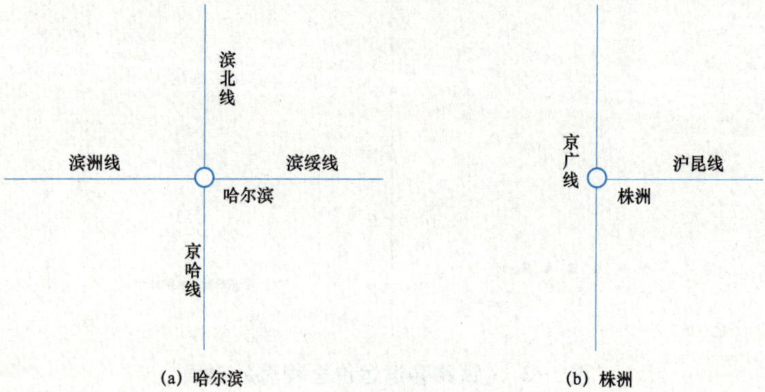

图 1-4 接算站示意图

（2）部分接算站是接轨站附近的城市所在站。由于接轨站线路设置、车站设备、列车开行等都受到一定的限制，同时多数旅客从附近大站乘车，因此，为了铁路工作及旅客乘车的方便，指定城市站为接算站。凡是这样的接算站，接轨站和城市站相互间往返乘车，这部分往返里程已列入里程表中，确定运价里程时不再另计。如京哈线与魏塔线的接轨站是塔山站，但接算站规定为锦州站；京沪线与京广线的接轨站是老丰台站，但接算站规定为北京站。

（3）个别接算站是以同一城市无线路衔接的车站作为零公里接算站（由于城市建设的关系，相互间未能铺轨连接），为计算里程的方便，特设该两站为同一接算的接算站。如昆明站与昆明北站，中间相隔约5 km，即视昆明站与昆明北站相互衔接，并指定为同一接算的接算站。

3. 关于客运运价里程计算接算点的几点说明

（1）旅客列车跨及两线时，列车不经由连接两线接算站的，该列车旅客票价和行李的运价里程，在两线连接点车站接算。包裹的运价里程和发售通票时尚未定车次的区段旅客票价、行李运价里程应按接算站接算。

（2）旅客列车折返（含环线）运行，折返运行区段不是折返区间的，通过旅客的票价和行李运价里程不包括折返里程。

（3）旅客列车折返（含环线）运行，同一车站同程两次停靠并均办理旅客乘降业务的，运价里程按下列规定办理。

① 该站终到旅客计算到第一次停靠。

② 该站上车旅客乘坐区间为折返区间内的按第一次停靠起算，乘坐区间为折返区间外的按第二次停靠起算。

任务1.3 旅客票价

1. 旅客票价的特点

铁路旅客票价，是铁路旅客运输产品的销售价格，是国民经济价格体系的组成部分。其基本票价率由国务院铁路主管部门拟定，报国务院批准。

铁路旅客运输是直接为城乡广大人民群众服务的，其中个人旅行占了相当大的比重。旅客票价在一定程度上体现了国家与个人之间的交换与分配关系，在这里，价值规律将起一定的调节作用，旅客票价的高低，对旅客流量、乘车座别，以及客运量在各种运输方式之间的分配，都有一定的影响。在确定旅客票价时，必须考虑人民生活水平，妥善处理国家积累与照顾人民生活需要的关系，以及各种运输工具的合理利用。

2. 旅客票价的分类

旅客票价根据列车种类、车辆类型、设备条件、客票的使用期间，以及减收票价的有关规定，分为两大类：一是客票票价，包括硬座、软座客票票价；二是附加票票价，包括加快、卧铺、空调票票价。高铁动车组票价单独作为一类。

3. 旅客票价的确定

旅客票价以每人每千米的票价率为基础，按照旅客旅行的距离和不同的列车设备条件，采取递远递减的办法确定。具体票价以国务院铁路主管部门公布的票价表为准。

国家铁路的旅客票价，以5角为计算单位，不足5角的尾数按2.5角以下舍去、2.5角及以上进为5角处理。国家铁路的行李、包裹运价及客运杂费的尾数保留至角。对浮动票价应分别按票种处理尾数。

4. 旅客票价的构成要素

1）基本票价率与票价比例关系

旅客票价以硬座票价率为基础，硬座票价是决定全部旅客票价水平最重要的因素。其他各种票价均以它为基准按照旅客运输成本和各列车等级的合理分工制定相应的票价率。

在制定硬座客票基本票价率时，应认真执行党和国家的方针和政策，根据旅客运输成本，考虑人民生活水平和旅行需要，并参照其他运输方式的旅客票价，在调查研究的基础上通过核算加以确定。当硬座客票基本票价率确定后，其他各种票价率就按其加成或减成比例计算，现行各种旅客票价率和票价比例关系如表1-1所示。

表1-1　现行各种旅客票价率和票价比例关系

<table>
<tr><th colspan="5">票种</th><th>票价率/［元/(人·km)］</th><th>比例/%</th></tr>
<tr><td rowspan="2">基本票价</td><td colspan="4">硬座</td><td>0.058 61</td><td>100</td></tr>
<tr><td colspan="4">软座</td><td>0.117 22</td><td>200</td></tr>
<tr><td rowspan="12">附加票</td><td rowspan="2">加快票</td><td colspan="3">普快</td><td>0.011 722</td><td>20</td></tr>
<tr><td colspan="3">快速</td><td colspan="2">按普快票价2倍计算</td></tr>
<tr><td colspan="4">空调票</td><td>0.014 65</td><td>25</td></tr>
<tr><td rowspan="9">卧铺票</td><td rowspan="5">硬卧</td><td rowspan="3">开放式</td><td>上铺</td><td>0.064 47</td><td>110</td></tr>
<tr><td>中铺</td><td>0.070 33</td><td>120</td></tr>
<tr><td>下铺</td><td>0.076 19</td><td>130</td></tr>
<tr><td rowspan="2">包房式</td><td>上铺</td><td colspan="2">按开放式硬卧中铺票价另加30%计算</td></tr>
<tr><td>下铺</td><td colspan="2">按开放式硬卧下铺票价另加30%计算</td></tr>
<tr><td rowspan="2">软卧</td><td colspan="2">上铺</td><td>0.102 57</td><td>175</td></tr>
<tr><td colspan="2">下铺</td><td>0.114 29</td><td>195</td></tr>
<tr><td rowspan="2">高软</td><td colspan="2">上铺</td><td>0.123 08</td><td>210</td></tr>
<tr><td colspan="2">下铺</td><td>0.134 80</td><td>230</td></tr>
</table>

2）旅客票价里程区段

计算旅客票价时，并不是完全按运输里程一一计算的，而是考虑旅客较合理地支付票价，将运输里程分为若干区段，对同一里程区段，核收同一票价。旅客票价里程区段应适当地划分，使旅客支付票价既合理又简便。现行旅客票价里程区段的划分如表 1-2 所示。

旅客票价要按里程区段划分，区段间距随里程的增长而逐渐加大。

计算旅客票价，除实行票价区段外，同时考虑运输成本及分流的问题，对票价的计算规定了起码里程：客票为 20 km；空调票为 20 km；加快票为 100 km；卧铺票为 400 km（特殊区段另有规定者除外）。

表 1-2 现行旅客票价里程区段的划分

里程区段/km	每小区段里程/km	区段数	里程区段/km	每小区段里程/km	区段数
1～200	10	19	1 601～2 200	60	10
201～400	20	10	2 201～2 900	70	10
401～700	30	10	2 901～3 700	80	10
701～1 100	40	10	3 701～4 600	90	10
1 101～1 600	50	10	4 601 及以上	100	—

3）递远递减率

由于运输成本随运距增加而相应降低，旅客票价采取递远递减的办法计算，以减轻长途旅客经济负担。

旅客票价从 201 km 起实行递远递减。现行旅客票价递远递减率和递减票价率（以硬座票价为例）如表 1-3 所示。

表 1-3 现行旅客票价递远递减率和递减票价率（以硬座票价为例）

区段/km	递远递减率/%	票价率/［元/(人·km)］	各区段全程票价	区段累计
1～200	0	0. 058 61	11. 722	—
201～500	10	0. 052 749	15. 824 7	27. 546 7
501～1 000	20	0. 046 888	23. 444	50. 990 7
1 001～1 500	30	0. 041 027	20. 513 5	71. 504 2
1 501～2 500	40	0. 035 166	35. 166	106. 670 2
2 501 及以上	50	0. 029 305	—	—

4）《铁路旅客票价表》的运用

车站在发售车票时，实际不必要也不可能按上述票价制定的方法进行运算，而是根据售票系统核定的电子客票或打印的软纸票票面的票价核收。遇特殊情况，则根据发、到站间客运运价里程依据《铁路旅客票价表》进行计算。

《铁路旅客票价表》按客车装备分为两部分，分别是非空调列车票价表、空调列车票价表，适用于普通旅客慢车、普通旅客快车、快速旅客列车、特快旅客列车、直达特快旅客列车等非动车组列车（另有规定除外）。

硬座、硬卧统称为硬席，硬席的主票是硬座票。

软座、软卧统称为软席，软席的主票是软座票。

旅客票价里程根据发、到站间的运价里程和不同的车辆设备，以及旅客所购票种，从《铁路旅客票价表》的相应栏内直接查得该票种应收的票价。

5. 动车组列车票价

根据《关于动车组票价有关事项的通知》（铁运电〔2007〕75 号），按《关于确定 CRH1、CRH2、CRH5 型动车组座车等级为软座车的通知》（运装客车〔2007〕169 号）的规定，动车组列车票价水平及相关事项规定如下。

1）定价依据

按《国家计委关于高等级软座快速列车票价问题的复函》（计价管〔1997〕1068 号）的规定，旅行速度达到 110 km/h 以上的动车组列车软座票价基准价：每人·公里一等座车为 0.336 6 元，二等座车为 0.280 5 元，可上下浮动 10%。

按《国家计委关于广深铁路运价的复函》（计价管〔1996〕261 号）的规定，广深线开行的动车组列车票价可在国铁统一运价为中准价上下浮动 50%的基础上再上下浮动 50%，由企业自主定价。

2）动车组公布票价

一等座车公布票价＝0.336 6×（1+10%）×运价里程

二等座车公布票价＝0.280 5×（1+10%）×运价里程

广深线上的动车组列车公布票价由企业在规定水平内自行确定。

3）票价执行

动车组票价可按公布票价打折，但应符合下列条件。

（1）根据不同区域、不同季节、不同时段的市场需求，实行不同形式的打折票价。

（2）二等座车公布票价打折后不得低于相同运价里程的新空软座票价。在短途，公布票价低于新空软座票价时，按公布票价执行。70 公里及以下运价里程的动车组不进行任何形式打折优惠，一律按公布票价执行。

（3）经过相同途径，相同站间、相同时段，不同车次应执行同一票价。

（4）同一车次，各经停站在里程上不能倒挂。

（5）一等座车与二等座车的比价在 1∶1.2～1∶1.25 之间。

4）管理权限

公布票价由国铁集团决定。

折扣票价由铁路运输企业决定，并在公布前 3 天报国铁集团备案，但下列情况，铁路运输企业要在公布前 10 天报国铁集团备案：

（1）跨局开行的动车组列车；

（2）折扣率需低于 6 折时；

（3）铁路运输企业之间意见有分歧时。

公布票价的折扣率和折扣后票价由上车站所在铁路局提出车次别、发到站的动车组列车点到点票价，商有关担当铁路局后，按管理权限执行。

5）动车组儿童、伤残军人票价

按《铁路旅客运输规程》等有关规定享受减价优待的儿童、学生、伤残军人乘坐动车组时，其票价均以公布票价为基础计算。

动车组软卧儿童票＝动车组软卧公布票价－动车组一等座公布票价/2

6）军运后付

军运后付人员运输，使用动车组时，计费标准暂定为动车组公布票价的 50%。发生中转的，需在始发站和中转站用同一军运号码分别办理乘车手续，运费按实际乘坐列车相应的军运人员票价分段计算。

7）动车组软卧票价

软卧上铺公布票价＝0. 336 6×（1+10%）×1. 6×运价里程

软卧下铺公布票价＝0. 336 6×（1+10%）×1. 8×运价里程

8）动车组高级软卧票价

高级软卧上铺票价＝0. 336 6×（1+10%）×3. 2×运价里程

高级软卧下铺票价＝0. 336 6×（1+10%）×3. 6×运价里程

动车组儿童、学生、伤残军人优惠票价高于动车组折扣票价时，动车组儿童、学生、伤残军人优惠票价改按动车组折扣票价执行。

任务 1. 4　行李、包裹运价

1. 行李、包裹运价的制定

铁路行李、包裹运价，是根据运输条件，并参照铁路零担货物运价和民航等其他运输工具的行李、包裹运价而制定的。

1）行李、包裹运价构成要素

行李、包裹运价构成要素如图 1-5 所示。

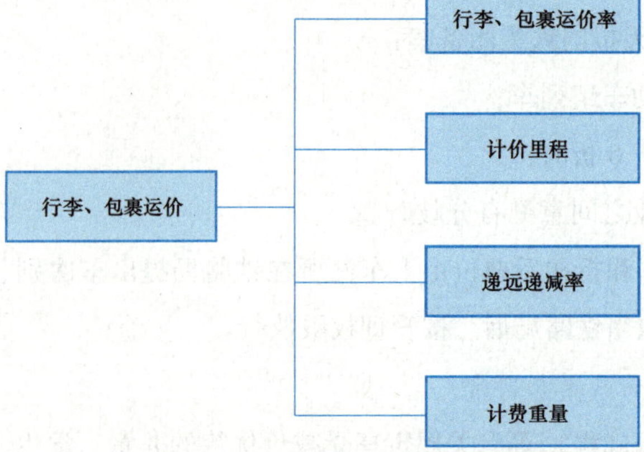

图 1-5　行李、包裹运价构成要素

（1）运价率。

① 行李运价率为硬座票价率的 1%。

$$行李运价率 = 硬座票价率 \times 1\% = 0.058\ 61 \times 1\%$$
$$= 0.000\ 586\ 1\ [元/(kg \cdot km)]$$

② 包裹运价率，以三类包裹运价率 0.001 518 ［元/(kg · km)］ 为基准，其他各类包裹按其加成或减成的比例确定其运价率。现行各类包裹运价率及比例关系如表 1-4 所示。

（2）行包计价里程。

① 现行行李、包裹运价里程区段的划分。

- 行李运价里程区段的划分与旅客票价里程区段的划分（见表 1-2）相同。
- 包裹运价里程区段的划分如表 1-5 所示。

② 计算运价的起码里程：行李为 20 km；包裹为 100 km。

③ 计价里程的确定。

其方法与确定旅客票价计价里程相同。

（3）递远递减率（201 km 起实行递远递减）。

① 行李递远递减率和递减运价率如表 1-6 所示。

② 包裹递远递减率和递减运价率（以三类包裹运价为例）如表 1-7 所示。

表 1-4　现行各类包裹运价率及比例关系

包裹类别	运价比例/%	运价率/［元/(kg · km)］
三类	100	0.001 518
一类	20	0.000 303 6
二类	70	0.001 062 6
四类	130	0.001 973 4

表 1-5　包裹运价里程区段的划分

里程区段/km	每区段公里数/km	区段数
1～100	100	1
101～300	20	10
301～600	30	10
601～1 000	40	10
1 001～1 500	50	10
1 501 及以上	100	—

表 1-6　行李递远递减率和递减运价率

区段/km	递减率/%	运价率/[元/(kg · km)]	各区段全程运价/元	区段累计运价/元
1～200	0	0. 000 586 1	0. 117 22	—
201～500	10	0. 000 527 49	0. 158 247	0. 275 467
501～1 000	20	0. 000 468 88	0. 234 44	0. 509 907
1 001～1 500	30	0. 000 410 27	0. 205 135	0. 715 042
1 501～2 500	40	0. 000 351 66	0. 351 66	1. 066 702
2 501 及以上	50	0. 000 293 05	—	—

表 1-7　包裹递远递减率和递减运价率（以三类包裹运价为例）

区段/km	递减率/%	运价率/[元/(kg · km)]	各区段全程运价/元	区段累计运价/元
1～200	0	0. 001 518	0. 303 6	—
201～500	10	0. 001 366 2	0. 409 86	0. 713 46
501～1 000	20	0. 001 214 4	0. 607 2	1. 320 66
1 001～1 500	30	0. 001 062 6	0. 531 3	1. 851 96
1 501～2 000	40	0. 000 910 8	0. 455 4	2. 307 36
2 001 及以上	30	0. 001 062 6	—	—

2）行李、包裹运价的计算理论

以 1 kg 为单位的运价基数：

$$E=C_0L_0+C_1L_1+C_2L_2+\cdots+C_nL_n$$

式中：　E——基本运价；

C_0——基本运价率；

L_0——不递减区段的计价里程；

C_1，C_2，…，C_n——各区段的递减运价率；

L_1，L_2，…，L_n——与递减运价率相适应区段的计价里程。

按 1 kg 的运价基数求其他重量的运价。

2. 行李、包裹运费的核收规定

1）运价里程

（1）行李。

按实际运送径路计算，即按旅客旅行的客票指定的径路运输，但旅客持远径路的客票，要求行李由近径路运送时，如近径路有直达列车，也可以按近径路计算。

（2）包裹。

按最短径路计算，有指定径路时，按指定径路计算。

（3）带运、押运包裹。

按实际运送径路计算。

（4）一段行李、一段包裹。

分别按行李、包裹计费径路计算。

2）计费重量

（1）行李、包裹均按物品重量计算运费，但有规定计价重量的物品按规定重量计价。规定计费重量表如表 1-8 所示。

表 1-8　规定计费重量表

物品名称	计价单位	规定计价重量/kg	备注
残疾人用车	每辆	25	以包裹托运时，按实际重量计算
自行车	每辆	25	
助力自行车	每辆	40	含机动自行车
两轮轻型摩托车	每辆	50	① 含轻骑 ② 气缸容量 50 cm^3 以下时
两轮重型摩托车	每辆	按气缸容量每 1 cm^3 折合 1 kg 计算	气缸容量超过 50 cm^3 时
警犬、猎犬、小家畜	每头	20	超重时按实际重量计算

（2）行李、包裹运价的计价重量以 5 kg 为单位，不足 5 kg 按 5 kg 计算。超过 5 kg 按实际重量计算。

3）运费计算

（1）旅客托运的行李重量在 50 kg 以内，按行李运价计算，超过 50 kg 时（行李中有残疾人用车时为 75 kg），对超过部分按行李运价加倍计算。

（2）运价不同的包裹混装为一件时，按其中运价高的计算。

（3）旅客托运行李至客票到站以远的车站时，应分别按行李及包裹运价计算，不足起码运费时，分别按起码运费加总计算，如高于全程包裹运费时，按全程包裹运费核收。

4）托运次数

每张客票（残疾人托运残疾人用车不限托运次数）第二次托运行李时，按包裹计算。

5）起码运费

行李、包裹每张票据起码运费为 1 元。

6）保价运输

（1）声明价格。声明价格必须与实际价格相符，可分件声明，也可声明总价格，但不能声明一批中的一部分。

（2）必要时应施封，施封所需费用由保价费支出。

任务 1.5 客运杂费

1. 定义

客运杂费是指在铁路运输过程中，除去旅客车票票价、行李及包裹运价、特定运价以外，铁路运输企业向旅客、托运人、收货人提供的辅助作业、劳务及物耗等所收的费用。

2. 客运杂费的种类

1）付出劳务所核收的费用

该费用包括搬运费、送票费、接取送达费、手续费、行李包裹变更手续费、查询费、装卸费等。

旅客或托运人、收货人提出要求，为其提供特殊服务时而收取此类费用。

2）违反运输规定所核收的费用

该费用包括各种无票乘车加收的票款及违章运输加倍补收的运费等。

为了维护站、车秩序，对无票乘车或者持失效车票乘车的人员，应根据铁路法及客运规章的有关规定加收票款。

3）使用有关单据及其他用品所核收的物耗费用

该费用包括货签费、安全标志费、其他用品费等。对这类费用应本着为人民服务的精神，核收适当的费用。

4）为加强资金与物资管理所核收的费用

该费用包括迟交金、保价费、保管费等。这类费用是按照有关款额的百分比或保管的日数进行计算收取的。

3. 客运杂费收费标准

对于客运杂费的收费项目和收费标准，根据《中华人民共和国铁路法》的规定，由国务院铁路主管部门制定。现行客运杂费收费项目及收费标准如表 1-9 所示。

表 1-9 现行客运杂费收费项目及收费标准

收费项目		计费条件	收费标准	备注
1	站台票			已取消

续表

收费项目		计费条件	收费标准	备注
2	退票费	按每张车票面额计算	开车前 8 天（新冠肺炎疫情发生前为 15 天）以上，不收退票费，开车前 48 h 以上不足 8 天（新冠肺炎疫情发生前为 15 天），按票面价格 5% 核收；开车前 24 h 以上，不足 48 h 的，按票面价格 10% 核收；开车前不足 24 h 的，按票面价格 20% 核收。（以 5 角为单位，2.5 角以下舍去、2.5 角及以上进为 5 角）	最低按 2 元计收
3	送票费	送到集中送票点	3 元/人次	
		送到旅客手中	5 元/人次	
4	货签费		0.25 元/个	
5	安全标志费		0.20 元/个	
6	行李、包裹变更手续费	装车前	5 元/票次	
		装车后	10 元/票次	
7	行李、包裹查询费	行李、包裹交付后，旅客或收货人还要求查询时	5 元/票次	
8	行李、包裹装卸费	从行李房收货地点至装上行李车，或从行李车卸下至交付地点，各为一次装卸作业	2 元/件次	超过每件规定重量的按其超重倍数增收
9	行李、包裹保管费	超过免费保管期限，每日核收	3 元/件	超过每件规定重量的按其超重倍数增收
10	行李、包裹搬运费	从车站广场停车地点至行包房办理处或从行包交付处搬运至广场停车地点各为一次搬运作业；由汽车搬上、搬下时，每搬一次，另计一次搬运作业	1 元/ 件次	超过每件规定重量的按其超重倍数增收
11	行李、包裹接取送达费	接取、送达各为一次作业，每 5 公里（不足 5 公里按 5 公里计算）核收	5 元/件次	超过每件规定重量的按其超重倍数增收
12	携带品搬运费	从广场停车地点搬运至站台或从站台搬运至广场停车地点各为一次搬运作业。由火车、汽车搬上、搬下时，每搬一次，另计一次搬运作业	2 元/件次	每件重量以 20 kg 为限，超重时按其超重倍数增收

4. 客运杂费的填写

对违章携带的物品补收运费时，一律填写客运杂费收据，注明日期、发到站、车次、事由、件数、重量。

模块2
旅客运送条件

任务 2.1 铁路旅客运输合同

1. 铁路旅客运输合同定义

（1）《中华人民共和国民法典》第 464 条规定：“合同是民事主体之间设立、变更、终止民事法律关系的协议。”《中华人民共和国铁路法》第 11 条规定：“铁路运输合同是明确铁路运输企业与旅客、托运人之间权利义务关系的协议。旅客车票、行李票、包裹票和货物运单是合同或者合同的组成部分。”

（2）铁路旅客运输合同是明确承运人与旅客之间权利义务关系的协议。2023 年 1 月 1 日起施行的《铁路旅客运输规程》规定，车票是铁路旅客运输合同的凭证，可以采用纸质形式或者电子数据形式，一般应当载明发站、到站、车次、车厢号、席别、席位号、票价、开车时间等主要信息。铁路运输企业与旅客另有约定的，按照其约定。

2. 铁路旅客运输合同有效期

铁路旅客运输合同从售出车票时起成立，至按车票规定运输结束旅客出站时止，为合同履行完毕。旅客运输的运送期间自检票起至到站出站时止计算。旅客自行中途下车，出站时，铁路旅客运输合同履行终止。

在 12306 网站购买铁路电子客票，以确认购票交易成功的时间作为铁路旅客运输合同生效的时间，退票以网站确认退票交易成功的时间作为铁路旅客运输合同终止的时间，改签按照购票、退票处理。

任务 2.2 车　　票

1. 车票的作用

（1）旅客乘车的凭证。

（2）旅客和铁路缔结运输合同发生运输关系的依据。

（3）旅客支付票价的财务凭证。

（4）铁路收取客货运输费用的结算单据和铁路运输企业核算运输收入的原始凭证。任何单位或个人不得篡改铁路电子票据数据信息。

2. 车票的分类

1）按车票形式分类

（1）纸质车票。

① 软纸式车票。如计算机票（见图 2-1）、列车移动补票（见图2-2）、代用票（见图 2-3）等。

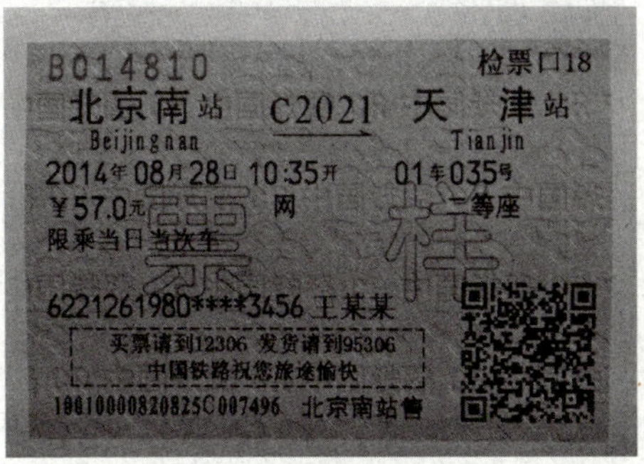

图 2-1 计算机票

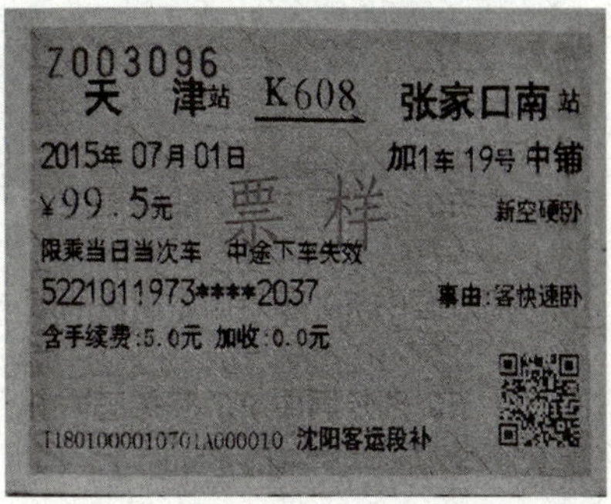

图 2-2 列车移动补票

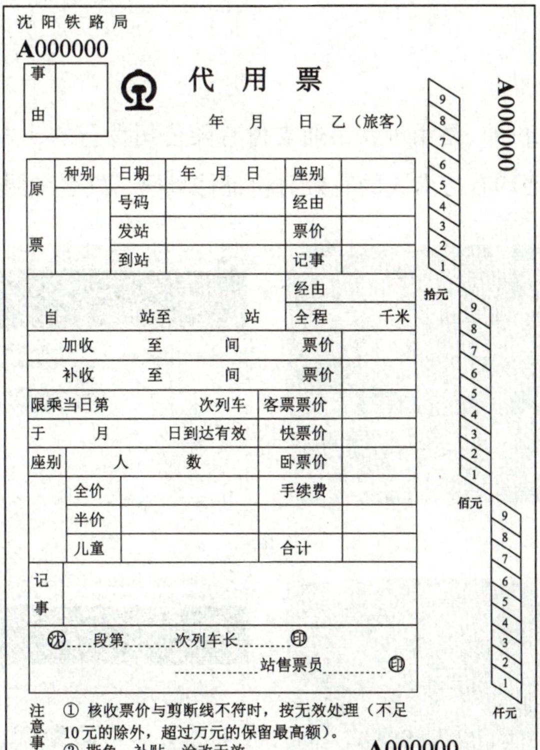
沈阳铁路局
A000000
事由
代用票
年 月 日 乙（旅客）
原票：种别 | 日期 年 月 日 | 座别
号码 | 经由
发站 | 票价
到站 | 记事
经由
自 站至 站 | 全程 千米
加收 至 间 票价
补收 至 间 票价
限乘当日第 次列车 | 客票票价
于 月 日到达有效 | 快票价
座别 人 数 | 卧票价
全价 | 手续费
半价
儿童 | 合计
记事
段第 次列车长
站售票员
注意事项 ① 核收票价与剪断线不符时，按无效处理（不足10元的除外，超过万元的保留最高额）。
② 撕角、补贴、涂改无效
A000000
A000000
拾元 佰元 仟元

图 2-3 代用票

② 磁介质车票（见图 2-4、图 2-5）。磁介质车票，即用磁介质记录票面信息的火车票，与传统软纸粉红色车票相区别。票的正面均为浅蓝色，背面为黑色，整体手感类似塑料名片。票面大小为 85.6 mm×53.98 mm，四角倒圆。磁介质车票可用于车站自助检票，快速通过。

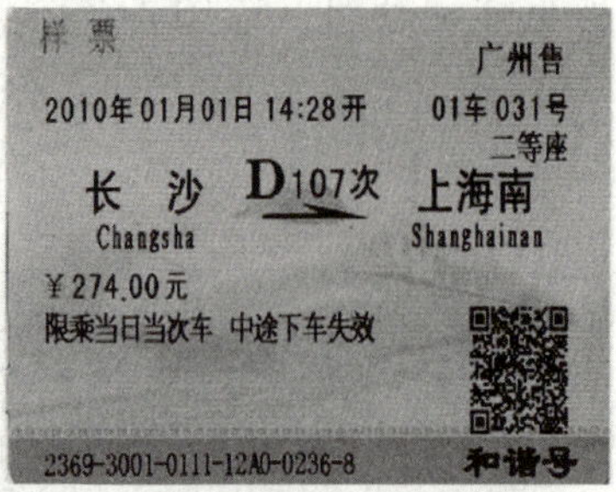

图 2-4 磁介质车票（旧）

图 2-5 磁介质车票（新）

在进站检票口，检票人员可通过二维码识读设备对客票上二维码进行识读，系统将自动辨别车票的真伪并将相应信息存入系统中。同时，在车上检票时，检票人员也可利用掌上二维码识读设备对客票上的二维码进行识读，掌上识读器自动将读到的信息与自有数据库中的数据进行比对，辨别客票的真伪。利用二维码识读设备查验客票，不仅提高了工作效率，也避免了人为的错误。

（2）中铁银通卡。

中铁银通卡（见图 2-6）是由中铁银通支付有限公司发行的，内含联机账户和电子现金的双介质预付卡。卡背面印有持卡人的有效身份证件号码、姓名和照片。

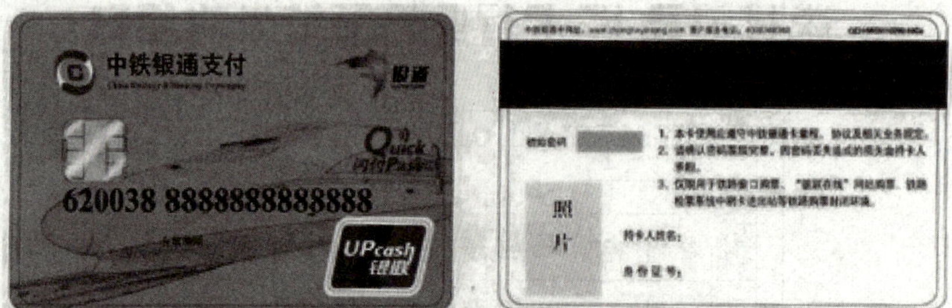

(a) 金卡

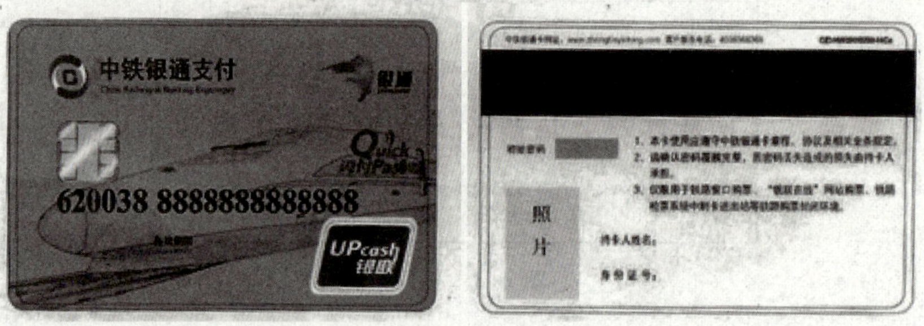

(b) 银卡

图 2-6 中铁银通卡

中铁银通卡分为金卡和银卡两种。联机账户金额不得超过 5 000 元，用于购买火车票；电子现金金额不得超过 1 000 元，用于直接刷卡进出站检票；联机账户和电子现金总金额不得超过 5 000 元。

(3) 电子客票。铁路电子客票是以电子数据形式体现的铁路旅客运输合同的凭证。电子客票实施车票实名制管理。

电子客票将过去纸质车票所承载的铁路旅客运输合同、乘车凭证和报销凭证三项功能分解。

旅客凭乘车人有效身份证件，通过 12306. cn 网站（含铁路 12306 手机 App，下同）或办理铁路电子客票的车站和铁路客票销售代理点（以下简称车站和铁路代售点）购买铁路电子客票。

铁路运输企业发售车票时，根据旅客需要提供载有车票主要信息的“行程信息提示”。通过 12306 网站购票的，“行程信息提示”可通过网站自行打印或下载。如需报销凭证的，应在开车前或乘车日期之日起 180 日以内，凭购票时所使用的有效身份证件到车站售票窗口、自动售票机换取。

“行程信息提示”和报销凭证不能作为乘车凭证使用。

2）按用途分类

车票按用途分为客票和附加票。

客票分为软座票、硬座票。附加票分为加快票、卧铺票、空调票。附加票是客票的补充部分，可以与客票合并发售，但除儿童外不能单独使用。免费乘车及持儿童票乘车的儿童单独使用卧铺时，应另收全价卧铺票票价，有空调时还应另收半价空调票票价。

3）其他客运产品

铁路运输企业开办定期票、计次票、乘车卡等多种业务时，具体售票、改签、退票、检票和行李托运等业务规则由开办业务的铁路运输企业另行规定。

(1) 定期票：有效期内可在限定乘车次数上限内乘坐指定发到站间规定列车的车票。

(2) 计次票：有效期内可乘坐限定次数的指定发到站间规定列车的车票。

定期票、计次票产品在 12306 网站（含“铁路 12306”手机 App，下同）发售，购票人须为通过身份信息核验和人脸核验的 12306 用户，且只能为本人或账户下通过身份信息和手机核验的乘车人购买。

国铁集团依托电子客票，对客票产品进行了创新升级，推出的 20 次计次票和 30 日定期票等新型票制产品，不仅价格划算，而且购买使用也很方便、智能。旅客可在 12306 网站和 App 上为本人或其他乘车人实名购买产品，购买时可以享受一定程度的折扣优惠，产品未启用可随时退款。计次票、定期票打破了传统客票须乘坐票面指定日期及车次的限制，持相关产品可在有效期内乘坐符合条件的任意车次。

20 次计次票是旅客可以在 90 天内最多使用 20 次，在购买产品时指定区间、指定席别的一种产品。定期票是旅客可以在 30 日内最多乘坐 60 次指定区间和席别的车次的一种产品。

目前计次票是按照常规票价的九五折来进行定价，定期票有一个上限次数，即30日内最多乘坐60次，但定价是按照44次来计算。除了购买时的价格比较划算以外，新型票制产品还支持席位预约和直接刷证两种乘车方式，能够满足提前规划行程、随到随走等不同需求，简化了多次购票、改签、退票的复杂流程，旅客可根据实际行程变化灵活出行。首次乘车即启用产品，在启用之前可以随时退掉产品，不收取任何费用。使用时支持旅客免费预约和取消，旅客在开车之前可以免费取消，不收取任何退票费。旅客提前预约时，可以根据车票销售情况，自主选择席位；直接刷身份证乘车时，由系统自动分配席位，旅客无法现场自主选择。席位信息由系统以短信的形式发送到旅客手机上。在票源比较充足的情况下，无论是旅客提前预约，还是直接刷证件乘车，都是没有问题的。但是在客流高峰的时候，建议旅客提前预约，因为如果直接刷证件，可能会存在票源不足没有办法实时分配席位的情况。计次票、定期票查询购买界面如图2-7所示。

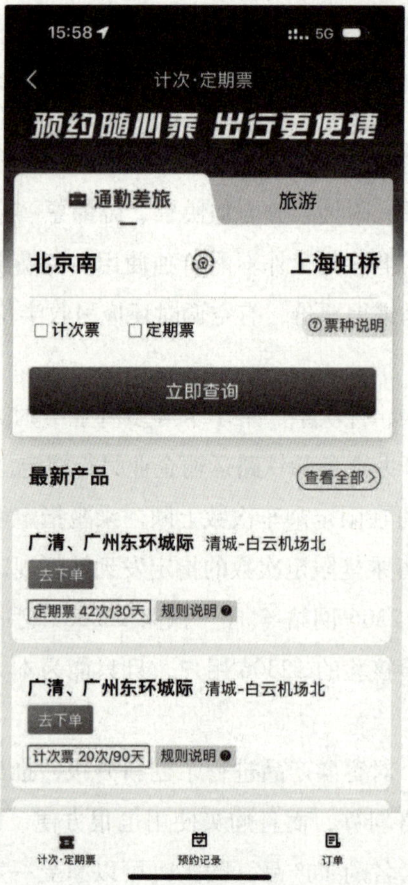

图2-7　计次票、定期票查询购买界面

（3）铁路乘车卡：内装磁介质或者集成电路芯片、通过自动检票机（闸机）记录旅客乘车信息的卡片式乘车凭证。

铁路运输企业可以依法自行发行铁路乘车卡，也可以采用其他企业发行的卡式支付工具作为铁路乘车卡，但在实施前均须报经铁路主管部门批准。

旅客使用铁路乘车卡经进站闸机读卡确认进站、乘车至到站、经出站闸机读卡确认出站，为一次铁路旅客运输。闸机在读卡时所做的进站、出站记录分别为铁路旅客运输合同运送期间的起、止证明。

3. 铁路服务保障专用添乘证

路外单位随车进行保洁、餐饮等委外服务保障的管理人员，或进行机车、车辆等移动设施技术保障的工作人员，由所属单位通过列车担当局归口的业务处室提出随车技术保障或服务管理的申请，铁路局客运管理部门审核同意后，将服务或技术保障单位提报的随车人员名单纳入制发系统管理，使用制发系统制作铁路服务保障专用添乘证（见图2-8），与工作证、身份证一并作为进站、乘车凭证，证件上应记载姓名、性别、出生日期、工作单位、身份证号、使用范围、使用期限等信息。

铁路服务保障专用添乘证（样式）

铁路服务保障专用添乘证	使用须知
编号：＿＿＿＿ 照片 姓名：＿＿＿＿ 性别：＿＿＿＿ 工作单位：＿＿＿＿ 出生日期：＿＿年＿＿月 身份证号码：＿＿＿＿ 添乘性质：＿＿＿＿ 使用范围：＿＿＿＿ 使用期限：自＿＿年＿＿月＿＿日 至＿＿年＿＿月＿＿日	1. 持证人添乘时必须携带此证。 2. 此证是持证人添乘本单位提供服务和技术保障的列车时进站上车的凭证，与本人工作证、身份证一同使用有效。 3. 本证仅限本人使用，持证人工作变动或提供保障服务结束后，应交还此证。 4. 应在标注的使用范围、使用期限内使用，逾期应交还此证重新申领。 5. 持证人添乘期间应遵守铁路相关规定。 ××铁路局制发
正面	背面

图2-8 铁路服务保障专用添乘证

备注：

（1）证件尺寸：6.8 cm×10.5 cm。

（2）证件编号：由6位数组成，前两位为铁路局顺号01～18，后四位由各局自定编码规则。

（3）添乘性质：根据工作性质填写“保洁质量检查”“餐饮质量检查”“车辆技术服务”“机车技术服务”等。

（4）使用范围：车辆或机车技术服务人员应填记动车组车型、组号或普速列车车次，餐饮和保洁等质量检查人员应填记车次或区段。

（5）使用期限：技术服务人员的证件有效期原则上为新车投入运营3个月内，餐饮和保洁等质量检查人员的证件有效期原则上不超过1年。

（6）照片右下部压制铁路局钢印。

任务 2.3　售票与购票

车票应通过铁路运输企业提供的车站售票窗口、自动售票机、中国铁路 12306 网站（含铁路 12306 移动端，以下简称 12306 网站）、订票电话或铁路车票销售代理人的售票处购买。旅客应按约定支付运输费用，购票后应核对票、款，妥善保管车票信息及购票时所使用的有效身份证件。

铁路运输企业开办定期票、计次票、乘车卡等多种业务时，具体售票、改签、退票、检票和行李托运等业务规则由开办业务的铁路运输企业另行规定。

1. 客票

（1）车站发售客票时，不能使用到站不同但票价相同的车票互相代替。

（2）发售软座客票时最远至本次列车终点站。旅客在乘车区间中，要求一段乘坐硬座车，一段乘坐软座车时，全程发售硬座客票。乘坐软座时，另收软座区间的软、硬座票价差额。

（3）发售去边境地区的车票时，应要求旅客出示国务院铁路主管部门、公安部门规定的边境居民证、身份证或边境通行证。

（4）车票最远只发售至本次列车终点站。

2. 加快票

旅客购买加快票必须有软座或硬座客票。发售加快票的到站，必须是所乘快车或特别快车的停车站。发售需要中转换车的加快票的中转站还必须是有同等级快车始发的车站。发售加快票时，应在符合《铁路旅客运输规程》规定的前提下，其发、到站之间全程都应有快车运行。如中间有无快车运行的区段时，则不能发售全程加快票。

3. 空调票

旅客乘坐提供空调的列车时，应购买相应等级的车票或空调票。旅客在全部旅途中分别乘坐空调车和普通车时，可发售全程普通硬座车票，对乘坐空调车区段另行核收空调车与普通车的票价差额。

4. 卧铺票

旅客购买卧铺票时，卧铺票的到站、座别必须与客票的到站、座别相同，但对持通票的旅客，卧铺票只发售到中转站。

5. 学生优惠票

1）发售条件

在全日制高等学校（含国务院教育行政部门、省级人民政府审批设置的实施高等学历教育的民办学校），承担研究生教育任务的科学研究机构，军事院校，普通中、小学和中等职业学校（含有实施学历教育资格的公办、民办中等专业学校、职业高中、技工学校）就读的学生、研究生，凭学生证（中、小学生凭盖有学校公章的书面证明）每学年可以购买家庭居住地至院校（实习地点）所在地之间四次单程的学生优惠票。

2）购票凭证

（1）学生证。学生证应当附有国务院教育行政部门认可的优惠乘车凭证，优惠乘车凭证需要载明学生照片、姓名、有效身份证件号码、优惠乘车区间、院校公章等信息。学生证优惠乘车区间的记录、变更需要加盖院校公章。

华侨学生、港澳台学生的优惠乘车区间为口岸车站至学校所在地车站。

学生回家后，院校迁移也可凭学校证明和学生减价优待证，发售从家庭所在地到院校新所在地的学生优惠票。

（2）录取通知书。新生凭录取通知书当年可买一次学生优惠票。

（3）学校书面证明。毕业生凭学校书面证明当年可买一次学生优惠票。

3）限乘列车

学生优惠票限于使用普通旅客列车硬席或者动车组列车二等座。

4）发售学生优惠票的原则

（1）普通大专院校，中、小学和中等专业学校、技工学校是指符合政府教育部门所规定的年限、学期和课程等制度并经相应级别的教育机关注册的院校，不包括各类职工大学、电视大学、业余广播大学、函授学校。

（2）“没有工资收入的学生”，是指没有固定工资收入的学生。学生有无工资收入，由学校确定，铁路凭学生的减价优待证售票。如能够确认有工资收入的学生持减价优待证购票时，车站可拒绝发售学生优惠票，并通知学校处理。

（3）学生父、母都不在学校所在地，并分两处居住时，由学生选择其中一处，并登记在学生减价优待证上。如学生父母迁居时，根据学生申请，经学校确认，可将学生减价优待证上的乘车区间更改并加盖公章或更换新证。学生回家后，院校迁移或调整，也可凭学校证明和学生减价优待证，发售从家庭所在地到院校新所在地的学生优惠票。

（4）学生每年仅限于购买四次单程减价票，当年未使用的次数，不能留作下年使用。

（5）学生票应按近径路发售，但有直达列车或换乘次数少的远径路也可发售。学生购买联程票或乘车区间涉及动车组列车的，可分段购票。学生票分段发售时，由发售第一段车票的车站在学生优惠卡中划销次数，中转站凭上一段车票售票，不再划销乘车次数。

（6）在乘降所上车的学生（其减价优待证上注明上车地点为乘降所），可以在列车上售给全程学生优惠票，并在减价优待证相应栏内，由列车长注明“××年××月××日乘××列车”，加盖名章，作为登记一次乘车次数的凭证。

（7）减价优待证上记载的车站是没有快车或直通车停靠的车站时，可以发售离该站最近的大站（可以超过减价优待证规定的区间）学生票。

(8) 超过减价优待证上记载的区间乘车时，对超过区间按一般旅客办理，核收全价。

(9) 符合减价优待条件的学生无票乘车时，除补收票款外，同时应在减价优待证上登记盖章（即登记一次乘车次数）。

5) 购票时间

每年可购买四次单程学生优惠票，无具体购票时间限制。

6) 不能发售学生票的情况

(1) 学校所在地有学生父或母其中一方时；

(2) 学生因休学、复学、转学、退学时；

(3) 学生往返于学校与实习地点时；

(4) 学生证未按时办理学校注册的；

(5) 学生证优惠乘车区间更改但未加盖学校公章的；

(6) 没有“学生火车票优惠卡”，“学生火车票优惠卡”不能识别或者与学生证记载不一致的；

(7) 学生实习、举行夏令营或其他社会实践活动，不得发售学生票；

(8) 发现涂改“减价优待证”或一人持两个以上学生证的，可以暂扣学生证并通过车站通知其学校，拒绝为其发售学生票。

7) 学生票价

(1) 学生乘坐硬座车，客票、加快票、空调票按半价核收。

(2) 学生乘坐硬卧车，客票、加快票、空调票按半价核收，卧铺票按全价核收。

(3) 学生乘坐软座车、软卧车，客票、卧铺票、加快票、空调票均按全价核收。

(4) 学生乘坐旅游列车时，按乘坐其他列车同样对待。即客票、加快票、空调票均按半价核收，卧铺票按全价核收。

(5) 享受优惠的学生乘坐市郊列车、棚车时，仍按硬座半价计算，不再减价。

【例 2-1】 5 月 12 日，一学生持长春至哈尔滨的学生减价优待证，在长春站要求购买 2195 次（新空）长春至哈尔滨学生票，问车站如何处理？

【解】 学生每学年可购买四次单程学生优惠票，不受具体购票时间限制。

长春至哈尔滨 246 km

半价硬座票价 12. 50 元

半价普快票价 2. 50 元

半价空调票价 3. 00 元

合计 18. 00 元

【例 2-2】8 月 20 日一学生持丹东至长春的学生优待证，在丹东站要求购买丹东至哈尔滨的 2124 次（新空）硬座学生票，问列车如何处理？

【解】根据规定超过学生证乘车区间按一般旅客办理，分段计费。

丹东至长春 580 km

硬座半价：24.00 元　　普快半价：4.50 元

空调半价：6.00 元　　小计：34.50 元

长春至哈尔滨 246 km

硬座全价：24.50 元　　普快全价：5.00 元

空调全价：6.00 元　　小计：35.50 元

票价合计：34.50+35.50=70.00（元）

6. 儿童优惠票

1）发售条件

实行车票实名制的，年满 6 周岁且未满 14 周岁的儿童应当购买儿童优惠票；年满 14 周岁的儿童，应当购买全价票。每一名持票成年人旅客可以免费携带一名未满 6 周岁且不单独占用席位的儿童乘车；超过一名时，超过人数应当购买儿童优惠票。

未实行车票实名制的，身高 1.2 m 且不足 1.5 m 的儿童应当购买儿童优惠票；身高达到 1.5 m 的儿童，应当购买全价票。每一名持票成年人旅客可以免费携带一名身高未达到 1.2 m 且不单独占用席位的儿童乘车；超过一名时，超过人数应当购买儿童优惠票。

2）票种

儿童优惠票可享受客票、加快票和空调票的优惠。

3）票价

儿童优惠票票价按相应客票和附加票票价的 50%计算。享受优惠的儿童乘坐市郊列车、棚车时，仍按硬座半价计算，不再减价。

4）办理限制

（1）除需要乘坐旅客列车通勤上学的学生和铁路运输企业同意在旅途中监护的儿童外，未满 14 周岁的儿童应当随同成年人旅客旅行。

（2）旅客携带免费乘车儿童时，应当在购票时向铁路运输企业提前申明，购票申明时使用的免费乘车儿童有效身份证件为其乘车凭证。

（3）免费乘车的儿童单独使用席位时应购买儿童优惠票。

（4）儿童优惠票的乘车日期、车次及席别应与同行成年人旅客所持车票相同，其到站不得远于成年人旅客车票的到站。

5）违章乘车处理

列车和到站发现应购买儿童优惠票而未买票的儿童，补收儿童优惠票票款；发现应购买全价票而购买儿童优惠票乘车的未成年人，补收儿童优惠票价与全价票价的差额；发现成年人旅客持儿童优惠票乘车时，除按照全价票价补收票价差额外，加收已乘区间应补票价 50%的票款。

【例 2-3】2 月 14 日一名旅客持未实行车票实名制的硬座车票一张于大连站出站，其携带 3 名儿童，身高分别为 1.30 m、1.12 m、1.10 m，车站如何处理？

【解】一名成人旅客可免费携带一名身高不足 1.20 m 的儿童，超过一名时超过的人数应买儿童票；身高在 1.20 m 至 1.50 m 之间应买儿童票。

1.30 m 儿童补儿童票一张

沈阳至大连 397 km

客票半价：17.25 元　　快速半价：6.00 元

空调半价：4.00 元

小计：27.50 元

1.12 m 儿童补儿童票一张 票价同上

票价合计：27.50+27.50=55.00（元）

【例 2-4】2 月 14 日，一名旅客携带一名已满 14 周岁的儿童，持 K7360 次列车沈阳至大连的全价、半价硬座车票各一张于大连站出站，车站如何处理？

【解】已满 14 周岁的儿童应买全价票，不符合减价条件，按照全价票价补收票价差额，核收手续费。

沈阳至大连 397 km

客票全价：34.50 元　　快速全价：12.00 元

空调全价：8.00 元　　小计：54.50 元

客票半价：17.25 元　　快速半价：6.00 元

空调半价：4.00 元　　小计：27.50 元

票价差：54.50-27.50=27.00（元）

合计：27.00 元

7. 残疾军人优待票

1）发售条件

持中华人民共和国残疾军人证、中华人民共和国伤残人民警察证、国家综合性消防救援队伍残疾人员证的人员凭证可以购买优待票。

2）凭证

凭“中华人民共和国残疾军人证”“中华人民共和国伤残人民警察证”“国家综合性消防救援队伍残疾人员证”购买残疾军人半价票。

3）优惠票种

残疾军人票可享受客票和附加票的优惠。

4）票价

残疾军人票票价按相应客票和附加票票价的50%计算。

享受优惠的伤残军人乘坐市郊列车、棚车时，仍按硬座半价计算，不再减价。

8. 团体旅客

1）定义

20人以上乘车日期、车次、到站、座别相同的旅客可作为团体旅客。

2）办理方法

（1）如填发代用票，除代用票持票人本人外，每人另发一张团体旅客证。

（2）办理时，享受满20人免收1人票价的优惠，20人以上每增加10人，再免收1人，但春运期间不予优惠。

（3）团体旅客中，有分别乘坐座、卧车或团体中有成人、儿童时按其中票价高的免收。

9. 票额共用与席位复用

1）票额共用

（1）票额共用，是指除始发站以外的其他车站对发站剩余票额实行票额共用。即车站“公用”用途的票额，允许被列车运行径路前方多个车站使用，旅客根据需要选择乘车站购票，并按票面指定乘车站乘车。

（2）票额共用共分三种形式：管内票额共用；全程票额共用；指定车次、指定车站票额共用。

2）席位复用和限售站

（1）席位复用。席位复用是指客票系统将席位售出后，再次生成从售到站至原限售站的新席位，使列车能力再次利用。席位复用方式分为一次复用和全程复用。

（2）限售站。铁路为了充分挖掘运输潜力，均衡运输，本着先长途后短途的运输原则，做到长短途列车合理分工。在长途旅客列车中，有些短途车站的票是不能发售的，最近发售的车站称作限售站。采取限售站制度是为了控制客流，让长途车上的旅客尽量为长途客流，切实做到用有限的资源来谋取最大化的社会效益和经济效益。例如：锦州站的1230次列车（阜新—上海），春运期间只发售南京以远的车票（含南京），南京以近的车票不发售，南京就称作限售站。

3）动车组列车席位复用、共用的规定

动车组列车实行全程席位复用，时间为售出后即时复用。

动车组列车实行票额共用。直通动车组列车票额共用时间由始发局根据客流情况确定，报国铁集团批准。管内动车组列车票额共用时间由铁路局自定，报国铁集团备案。

10. 代用票

1）定义

代用票是根据实际需要填发的多用途纸质票据。其主要用于办理旅游列车、包车等铁路客运业务时，核收旅客票价和客运杂费；还可在车站售票设备或售票系统故障等特殊情况下使用。

2）规格

代用票为甲、乙、丙三页复写式，甲页为存根，乙页为旅客用，加印浅褐色底纹，丙页为报告。其尺寸为 120 mm×185 mm。甲页、丙页为薄纸，乙页为厚纸。每 50 组为一册，按甲页、乙页、丙页顺序装订。顺序号由 000001～100000 号循环。每 10 万号附记汉语拼音字母 A、B、C……符号，以黑色印刷。

3）填写方法

具体填写规范如下：

（1）在事由栏填写相应的略语。

① 发售车票按车票类别和等级填写：客票为“客”，加快票为“普快”或“特快”，卧铺票为“卧”，客快联合票为“客快”或“客特快”，客快卧联合票为“客快卧”或“客特快卧”，“G”字开头的列车车票为“高”，“D”字开头的列车车票为“动”，“C”字开头的列车车票为“城际”，“S”字开头的列车车票为“市郊”；

② 儿童超龄填“超龄”；

③ 丢失证件填“丢失”；

④ 变更席位填“变席”；

⑤ 无票乘车填“无票”；

⑥ 误乘列车补收票价差额填“误乘”；

⑦ 不符合减价规定填“减价不符”；

⑧ 退车票未乘区间或未使用部分票价填“退差”；

⑨ 包车、越站、团体按本项定语填写。

（2）原票栏按原票转记。

（3）乘车区间栏填写发到站站名、经由、乘车里程。

（4）人数栏分别在全价、半价、学生、儿童栏内用大写字体填写数量，不用栏用“#”划销。

（5）席别栏按照席别类型填写“软”“硬”“软卧”“硬卧”“商务”“特等”“一等”“二等”“动卧”“一等卧”“二等卧”等。

（6）票价栏按收费种别分别填写在适当栏内。其他费用应在空白栏内注明收费种别和款额，卧铺栏前加“上、中、下”，不用栏用斜线划销，合计栏为收款总计。补收过程中有退款相冲抵时，退款金额前用减号表示。发生退款时在空白栏注明退款种别，在合计栏的金额数前用减号表示退款额。

（7）记事栏内记载下列事项：

① 发售优待票、学生优惠票、儿童优惠票和折扣优惠票时，记载“军”“学”“孩”“惠”；

② 发售新型空调列车车票时，记载“新空”；

③ 办理包车业务时，注明包车的车种、车号和定员数；

④ 办理旅游列车业务时，注明旅游列车的车型、编组、定员数、停留天数；

⑤ 发售团体票时配发团体旅客证的，注明团体旅客证的起止号，团体票票价优惠时还应注明优惠情况；

⑥ 办理车票退差时，注明车票未使用部分票种或席别，以及具体区间等信息；

⑦ 原票或报销凭证收回记载“票证收回”；

⑧ 其他需记载的事项。

（8）填写票面时禁止涂改，乙联按合计栏款额在相应的剪断线剪断后交旅客，其余随丙联上报。

（9）车站对需补收票价差额的，发售补价票。对代用票需退还票价差额的，需收回原票，重新开具代用票，收回的原票随新开具代用票丙联上报。

11. 中铁银通卡

1）中铁银通卡作用

旅客（以下称“持卡人”）可使用中铁银通卡在铁路安装有 POS 机的售票窗口、支持银行卡支付的自动售票机、中国铁路客户服务中心网站（www. 12306. cn）等渠道购买火车票，也可通过已开通中铁银通卡业务车站的自动检票机（闸机）直接刷卡进出站，直接刷卡乘车限乘坐已开通中铁银通卡业务的动车组列车。

2）售卡

（1）旅客购卡前应如实填写“中铁银通卡申请表”，并出示有效身份证件原件。有效身份证件原件具体包括：

① 中华人民共和国二代居民身份证；

② 港澳居民来往内地通行证；

③ 台湾居民来往大陆通行证；

④ 按规定可使用的有效护照。

遇有中文姓名无法识读、显示或打印时，可输入拼音姓名，外籍护照输入英文姓名。

中铁银通卡申请表商户联由车站留存 5 年，到期销毁。

（2）售卡时，售票员先通过证件识读设备读取证件信息，核实申请表、有效身份证件与系统读取信息的一致性后按序取卡，通过读卡设备读取卡片信息，确认售卡，制作卡片，按系统提示收取押金及规定的首次充值最低金额；售卡成功后，打印两联“售卡凭条”，一联（商户联）交由购卡旅客签字确认后车站留存，一联（客户联）与申请表客户联、有效身份证件、中铁银通卡、章程及使用手册一并交付购卡旅客。

（3）售卡时，如无法读写卡，需进行废卡处理；售票员须手工输入卡号信息，确认无误后废卡。

遇有证件号码、姓名、照片等信息打印错误、模糊不清等情况，需进行废卡处理。售票员通过读卡设备读取卡片信息，确认卡片信息无误后废卡；成功后，打印两联“废卡凭条”，一联（商户联）交由购卡旅客签字确认后车站留存，一联（客户联）交给购卡旅客。

（4）中铁银通卡办理充值、圈存业务后，如需废卡，按换卡处理。

3）现金圈存

（1）现金圈存是指持卡人支付现金向中铁银通卡电子现金存入一定金额。

（2）现金圈存时，售票员通过读卡设备读取卡片信息，确认卡片状态正常，并输入金额进行圈存；成功后，打印两联“现金圈存凭条”，一联（商户联）交由持卡人签字确认后车站留存，一联（客户联）与中铁银通卡、找零款一并交付持卡人。

（3）现金圈存有误时，需即时将该圈存交易撤销。圈存撤销时，售票员根据圈存凭条上的卡号和业务流水号确认需撤销的交易，撤销成功后，打印两联“圈存撤销凭条”，一联（商户联）交由持卡人签字确认后车站留存，一联（客户联）交给持卡人。

（4）现金圈存撤销交易不能跨班次、跨日期办理。

4）现金充值

（1）现金充值是指持卡人支付现金向中铁银通卡联机账户存入一定金额。

（2）现金充值时，售票员通过读卡设备读取中铁银通卡信息，确认中铁银通卡状态正常，并输入金额进行充值；成功后，打印两联“现金充值凭条”，一联（商户联）交由持卡人签字确认后车站留存，一联（客户联）与中铁银通卡、找零款一并交付持卡人。

（3）现金充值有误时，需即时将该充值交易撤销。充值撤销时，售票员根据充值凭条上的卡号和业务流水号确认需撤销的交易，撤销成功后，打印两联“充值撤销凭条”，一联（商户联）交由持卡人签字确认后车站留存，一联（客户联）交给持卡人。

（4）现金充值撤销交易不能跨班次、跨日期办理。

5）指定账户圈存与圈提

（1）指定账户圈存是指从卡片联机账户向卡片电子现金转入指定金额。

（2）指定账户圈存时，售票员通过读卡设备读取中铁银通卡信息，确认中铁银通卡状态正常，并输入金额进行圈存，圈存时需持卡人输入密码；成功后，打印两联“指定账户圈存凭条”，一联（商户联）交由持卡人签字确认后车站留存，一联（客户联）与中铁银通卡一并交付持卡人。

（3）圈提是指从卡片电子现金向卡片联机账户转入指定金额。

（4）圈提时，售票员通过读卡设备读取中铁银通卡信息，确认中铁银通卡状态正常后输入金额进行圈提；成功后，打印两联“圈提凭条”，一联（商户联）交由持卡人签字确认后车站留存，一联（客户联）与中铁银通卡一并交付持卡人。

6）挂失与解挂

（1）卡片丢失后，持卡人可通过中铁银通卡客服电话（4008-368-368）办理临时挂失，也可在中铁银通卡窗口办理正式挂失。

（2）挂失仅支持联机账户的挂失，不支持电子现金的挂失。

（3）正式挂失时，应填写“中铁银通卡业务办理登记表”，并出示购卡时的有效身份证件原件。售票员通过证件识读设备读取证件信息，核实业务登记表、有效身份证件与系统读取信息的一致性，并与持卡人核对卡片信息后进行挂失；成功后，打印两联“挂失凭条”，一联（商户联）交由持卡人签字确认后车站留存，一联（客户联）与业务登记表客户联、有效身份证件一并交付持卡人；业务登记表商户联由车站留存5年，到期销毁。

（4）卡片正式挂失后不能解挂，持卡人可即时办理补卡或退卡。

（5）持卡人通过中铁银通卡客服电话进行临时挂失后，如不办理正式挂失，系统在5日后自动解挂；若5日内找回卡片需提前解挂时，可在中铁银通卡窗口办理解挂；办理前应如实填写“中铁银通卡业务办理登记表”，并出示购卡时的有效身份证件原件和卡片。

解挂时，售票员通过读卡设备读取卡片信息，确认卡片状态为挂失，核实业务登记表、有效身份证件与系统读取信息的一致性，确认无误后进行解挂；成功后，打印两联“解挂凭条”，一联（商户联）交由持卡人签字确认后车站留存，一联（客户联）与业务登记表客户联、有效身份证件、中铁银通卡一并交付持卡人。

7）补卡

（1）卡片正式挂失后，持卡人可在中铁银通卡窗口办理补卡；办理前应如实填写“中铁银通卡业务办理登记表”，并出示购卡时的有效身份证件原件和挂失凭条。

（2）补卡时，售票员根据挂失凭条手工输入卡号查询卡片信息，核实业务登记表、有效身份证件与系统读取信息的一致性，确认无误后补卡，并按系统提示收取挂失补卡费；成功后，打印两联“补卡凭条”，一联（商户联）交由持卡人签字确认后车站留存，一联（客户联）与业务登记表客户联、有效身份证件、新中铁银通卡和补卡费发票一并交付持卡人。

（3）补卡后原卡联机账户余额转入新卡联机账户中，原卡电子现金不办理挂失，新卡电子现金余额为零。

8）坏卡登记

（1）卡片因损坏或超过使用期限导致电子现金无法正常使用时，持卡人可办理换卡或退卡；办理换卡或退卡前，持卡人须持购卡时的有效身份证件原件和卡片在中铁银通卡窗口办理坏卡登记。

(2) 坏卡登记时，售票员通过读卡设备确认卡片无法读取信息，之后手工输入卡号查询卡片信息，并核实有效身份证件与系统读取信息的一致性，确认无误后进行坏卡登记；成功后，打印两联“坏卡登记凭条”，一联（商户联）交由持卡人签字确认后车站留存，一联（客户联）交给持卡人。

(3) 坏卡登记后卡片即时回收并剪损（将磁条和芯片同时剪损），将印有身份信息的部分交还旅客；持卡人可即时办理换卡或3日后办理退卡。

9) 换卡

(1) 持卡人在中铁银通卡窗口办理换卡前，应如实填写“中铁银通卡业务办理登记表”，并出示购卡时的有效身份证件原件和卡片（或坏卡登记凭条）。

(2) 若卡片过期或磁条损坏，但芯片（电子现金）完好，可即时换卡；换卡前需检查原卡是否有异常进出站记录，如有需完成进出站异常处理后方可换卡；换卡时，售票员通过读卡设备读取卡片信息，核实业务登记表、有效身份证件与系统读取信息的一致性，确认无误后换卡；成功后，打印两联“换卡凭条”，一联（商户联）交由持卡人签字确认后车站留存，一联（客户联）与业务登记表客户联、有效身份证件、新卡一并交给持卡人；换卡后原卡联机账户余额和电子现金余额即时转入新卡，原卡回收并剪损（将磁条和芯片同时剪损），将印有身份信息的部分交还旅客。

(3) 因芯片损坏换卡时，售票员根据坏卡登记凭条手工输入卡号查询卡片信息，核实业务登记表、有效身份证件与系统读取信息的一致性，确认无误后换卡；成功后，打印两联“换卡凭条”，一联（商户联）交由持卡人签字确认后车站留存，一联（客户联）与业务登记表客户联、有效身份证件、新卡一并交给持卡人；换卡后原坏卡联机账户余额转入新卡联机账户中，新卡电子现金余额为零，自换卡之日起3日后，原坏卡电子现金余额自动转入新卡联机账户中。

10) 退卡

(1) 持卡人不再使用卡片时，可在中铁银通卡窗口办理退卡，并领取卡片联机账户和电子现金余额，以及办卡时的押金；办理前应如实填写“中铁银通卡业务办理登记表”，并出示购卡时的有效身份证件原件和卡片（或挂失凭条、坏卡登记凭条）。

(2) 正常卡片退卡前需检查该卡是否有异常进出站记录，如有需完成进出站异常处理后方可退卡；退卡时，售票员通过读卡设备读取卡片信息，核实业务登记表、有效身份证件与系统读取信息的一致性，确认无误后退卡，并按系统提示收取退卡手续费；成功后，打印两联“退卡凭条”，一联（商户联）交由持卡人签字确认后车站留存，一联（客户联）与业务登记表客户联、有效身份证件、退款（联机账户余额、电子现金余额和押金）和退卡手续费发票交付持卡人；原卡回收并剪损（将磁条和芯片同时剪损），将印有身份信息的部分交还旅客。

（3）已挂失卡片（或坏卡）退卡时，售票员根据挂失凭条（或坏卡登记凭条）手工输入卡号查询卡片信息，核实业务登记表、有效身份证件与系统读取信息的一致性，确认无误后退卡，并按系统提示收取退卡手续费；成功后，打印两联“退卡凭条”，一联（商户联）交由持卡人签字确认后车站留存，一联（客户联）与业务登记表客户联、有效身份证件、退款（联机账户余额和押金）和退卡手续费发票交付持卡人。

任务 2.4 互联网售票

1. 12306 互联网服务

中国铁路客户服务中心网站（www.12306.cn，以下简称“12306.cn 网站”）提供旅客列车时刻表、余票、票价、正晚点等信息查询服务，办理网络购票、改签、退票、变更到站、候补购票等业务。

12306.cn 网站全天提供信息查询及退票服务，每日 5:00 至次日 1:00（周二为 5:00—23:30）提供售票改签服务。

2. 互联网购票证件

在 12306.cn 网站注册及购票时，可使用的有效身份证件包括：

（1）中华人民共和国二代居民身份证（含港澳居民居住证、台湾居民居住证、外国人永久居留证）。

（2）港澳居民来往内地通行证。

（3）台湾居民来往大陆通行证。

（4）按规定可使用的有效护照。

一个有效身份证件同一乘车日期同一车次只能购买一张车票。

3. 互联网售票

（1）在 12306.cn 网站提交订单后，应在 12306.cn 网站要求的支付时间内完成网上支付。同时，为了不影响其他旅客购票，列车开车前 2 h 内所购车票应于 10 min 内完成支付。

（2）网上支付应使用 12306.cn 网站允许的银行卡、微信、支付宝等网上支付工具。网上支付交易由 12306.cn 网站跳转至银行卡、微信、支付宝等网上支付工具提供单位的交易网站进行。

（3）12306.cn 网站收到网上支付交易网站支付成功的信息后，方可继续购票交易；收到支付失败信息或超过规定的支付时间未收到支付成功信息的，取消购票交易。

（4）旅客通过 12306.cn 网站购买铁路电子客票后，可通过网站自行打印或下载“行程信息提示”，也可在车站指定窗口或自动售票机打印。

4. 领取行程信息单和报销凭证

铁路运输企业发售车票时，根据旅客需要提供载有车票主要信息的“行程信息提示”。通过 12306 网站购票的，“行程信息提示”可通过网站自行打印或下载。如需报销凭证的，应在开车前或乘车日期之日起 180 日以内，凭购票时所使用的有效身份证件到车站售票窗口、自动售票机换取。

“行程信息提示”和报销凭证不能作为乘车凭证使用。

5. 互联网改签、变更到站

旅客可在车站售票窗口、12306 网站和具备改签功能的自动售票机处办理改签。

凭各种有效身份证件购买的车票均可在车站售票窗口办理改签，但已打印报销凭证的和使用现金支付方式购买的车票，仅可在车站售票窗口办理改签；凭 12306 网站购票证件且使用电子支付方式购买的车票，可通过 12306 网站办理改签；在具备改签功能的自动售票机办理改签时，应按系统提示办理。

旅客办理已打印报销凭证的车票改签时，须交回报销凭证。报销凭证无法交回或不可识别、不完整时，铁路运输企业不予办理改签。

6. 互联网退票

（1）在 12306. cn 网站购买且未检票使用的车票，均可在开车前通过 12306. cn 网站或车站指定窗口办理退票手续。

（2）在 12306. cn 网站办理退票时，按购票时所使用的在线支付工具相关规定，应退票款在规定时间退回购票时所使用的在线支付工具。

（3）现金购买的车票，自退票之日起 180 天内（含当日），持购票时使用的乘车人身份证件原件前往任一铁路车站窗口领取现金。

（4）已领取报销凭证的电子客票，自退票之日起 180 天内（含当日），持购票时使用的乘车人身份证件原件和报销凭证前往任一铁路车站窗口确认应退票款后，退至旅客购票时使用的支付账户，并交回报销凭证。报销凭证需妥善保管，如有遗失、污损、票面不完整等情况，车站将无法退款。

（5）旅客在 12306. cn 网站办理退票后如需报销，应在退票之日起 180 日内，凭购票时所使用的乘车人有效身份证件原件和订单号码到车站售票窗口索取退票费报销凭证。

7. 换取互联网学生票、残疾军人票有关规定

学生每学年乘车前应到车站指定售票窗口或自动售票机办理一次本人居民身份证件与火车票学生优惠卡的优惠资质核验手续。未办理或未通过优惠资质核验购买学生优惠票乘车时，列车应先办理补收票价差额手续，开具客运记录。旅客到站后可凭车补车票、学生证和购票时所使用的有效身份证件（列车如开具纸质客运记录，还应携带纸质客运记录），30 日以内到车站售票窗口办理资质核验和退票手续。车站核实学生所购学生优惠票符合有关规定后，

为其办理资质核验，扣减学生火车票优惠卡次数，退还车补车票票款，不收退票费。

退役军人事务部等相关部门已推送过减价优待资质信息的旅客，可直接通过 12306 网站和车站售票窗口购买优待票；客票系统查询不到减价优待资质信息的旅客，需凭减价优待凭证到车站售票窗口购买优待票。车站售票窗口对于能够查询到减价优待资质信息的旅客，可直接发售优待票；查询不到时需凭旅客提供的减价优待凭证发售优待票。站车对于购买优待票的旅客，要按规定核验相应减价优待凭证。

任务 2.5 实名制售票管理

1. 车票实名制管理

车票实名制管理：车票实名购买和实名查验统称为车票实名制管理。

车票实名购买，是指购票人凭乘车人的有效身份证件购买车票，铁路运输企业凭乘车人的有效身份证件销售车票，并记录旅客身份信息和购票信息的行为；车票实名查验，是指铁路运输企业对实行车票实名购买的车票记载的身份信息与乘车人及其有效身份证件进行一致性核对，并记录旅客乘车信息的行为。

2. 实名制的实施过程

2003 年春运期间，重庆火车站率先试行了车票实名制——车票背面填写姓名，车站派出所盖章，旅客持证登车，但这一政策仅实行 6 天就被迫取消，原因是购票旅客多，登记难，人工核对实名制车票信息程序复杂，耗时较长，影响了正常的候车秩序。

2007 年，福建省厦门市、浙江省宁波市等地试点“登记实名制”和“农民工专列实名制”，但在 2008 年 1 月，铁道部明确表示，火车票实名制在全国铺开“不可行”。然而，民间关于火车票实名制的呼声巨大。2009 年全国“两会”期间，全国人大代表陆琴提交了《关于实行实名制缓解铁路买票难的建议》。

2010 年 1 月，广州、成都铁路局部分车站试行购买火车票实名制。由此，火车票实名制的试点工作正式启动。

2011 年 6 月 1 日起，乘坐动车组列车（包括“C”“D”“G”字头的所有车次）的旅客须凭本人有效身份证件购买车票和进站、乘车，免费乘车的儿童及持儿童票的儿童除外。

2012 年 5 月 10 日起，实名制火车票如果丢失可以挂失补办。

2014 年 3 月，快速及以上等级旅客列车实施车票实名购买，免费乘车的儿童及购买儿童票的儿童除外。高铁车站和省会城市所在地主要旅客车站实施车票实名查验，并做好封闭管理。其他实施实名查验的车站由铁路运输企业根据铁路运输安全工作需要确定。

2015 年 7 月 1 日起，全路所有旅客列车（使用市政一卡通的市郊列车除外）实行实名制购票（含列车补票），所有客运站对进站乘车旅客 100%实行车票实名制验证。

3. 有效身份证件

1）有效身份证件类型

通过车站售票窗口、铁路车票销售代理人的售票处购票或在列车上购票、补票时，可以使用的有效身份证件包括：中华人民共和国居民身份证（含中华人民共和国临时居民身份证），居民户口簿，中华人民共和国护照，中华人民共和国出入境通行证，中华人民共和国旅行证，新生儿出生医学证明，军官证、警官证、文职干部证、义务兵证、士官证、文职人员证，海员证，以及公安机关出具的临时乘车身份证明；中华人民共和国港澳居民居住证，中华人民共和国台湾居民居住证，港澳居民来往内地通行证，往来港澳通行证，大陆居民往来台湾通行证，台湾居民来往大陆通行证；外国人永久居留身份证，外国人护照，外国人出入境证，公安机关出具的外国人签证证件受理回执、护照报失证明，各国驻华使领馆签发的临时性国际旅行证件（应当附具公安机关签发的有效签证或者停留证件）。

部分常见的可使用的身份证件图例如下。

（1）二代居民身份证（见图 2-9）。

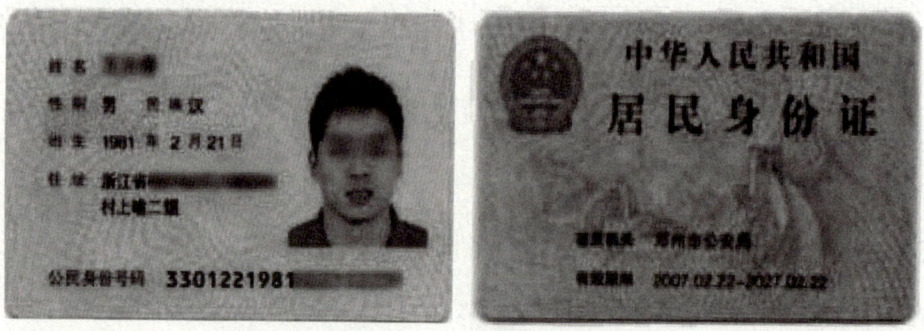

图 2-9　二代居民身份证

（2）临时身份证（见图 2-10）。

图 2-10　临时身份证

（3）户口簿（见图 2-11）。

（4）中华人民共和国旅行证（见图 2-12）。

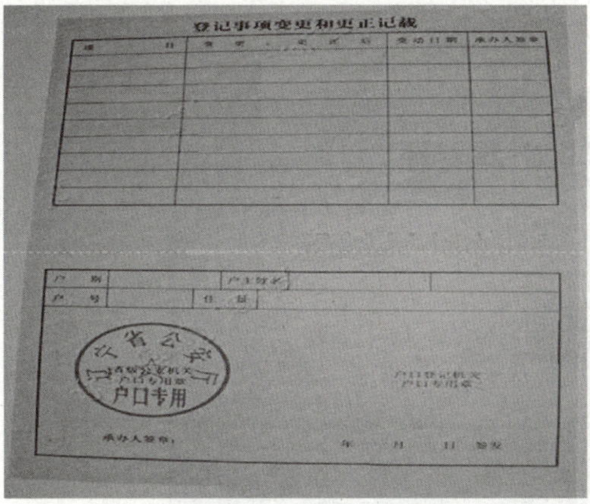

图 2-11　户口簿

图 2-12　中华人民共和国旅行证

（5）军官证（见图 2-13）。

图 2-13　军官证

（6）武警警官证（见图 2-14）。

（7）士兵证（见图 2-15）。

图 2-14　武警警官证

图 2-15　士兵证

（8）军队文职干部证（见图 2-16）。

图 2-16　军队文职干部证

（9）军队离退休干部证（见图 2-17）。

图 2-17　军队离退休干部证

（10）按规定可使用的有效护照（见图 2-18）。

图 2-18　有效护照

（11）港澳居民来往内地通行证（见图 2-19）。

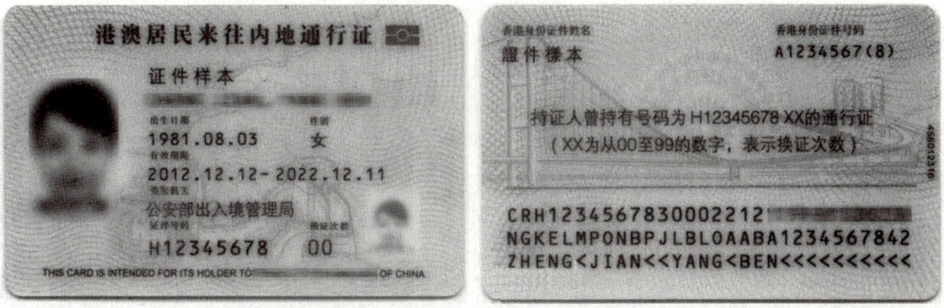

图 2-19 港澳居民来往内地通行证

（12）往来港澳通行证（见图 2-20）。

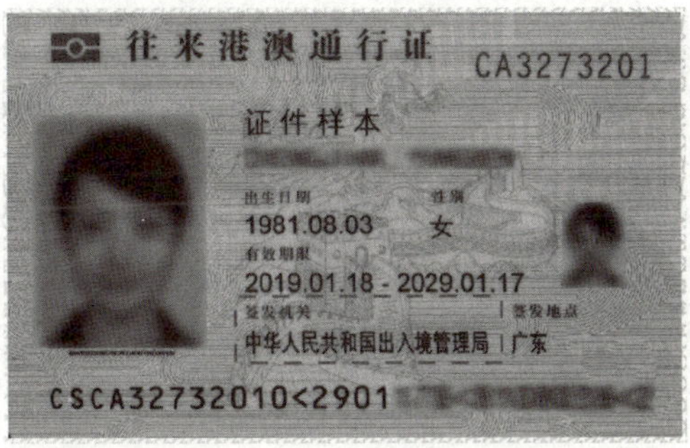

图 2-20 往来港澳通行证

（13）台湾居民来往大陆通行证（见图 2-21）。

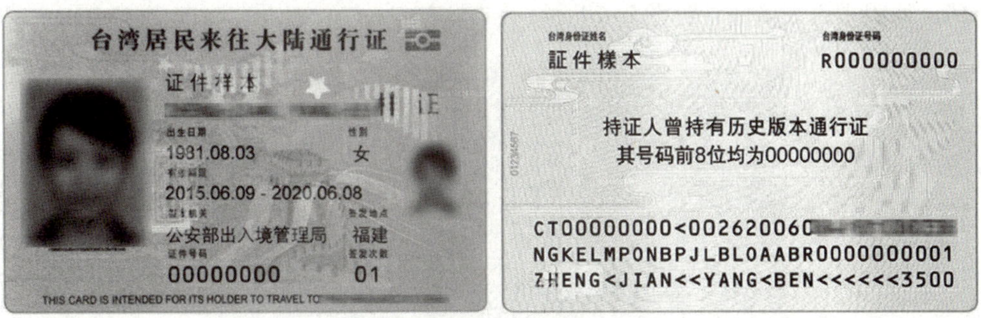

图 2-21 台湾居民来往大陆通行证

（14）大陆居民往来台湾通行证（见图 2-22）。

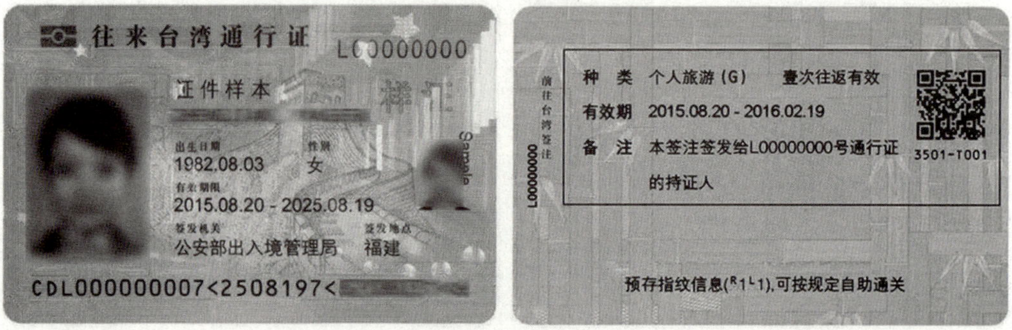

图 2-22 大陆居民往来台湾通行证

（15）外国人居留证（居留许可）（见图 2-23）。

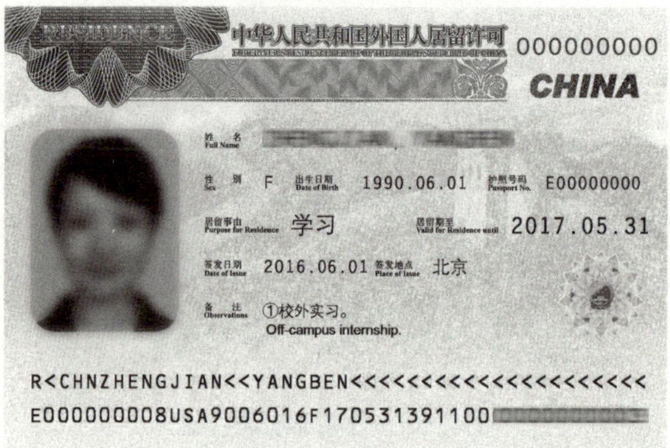

图 2-23 外国人居留证（居留许可）

（16）外国人出入境证（见图 2-24）。

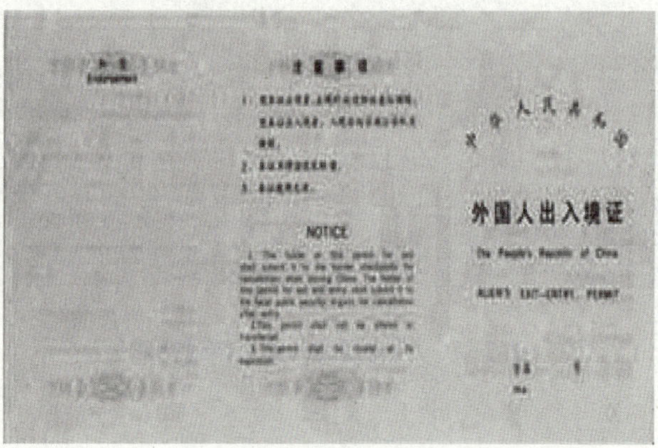

图 2-24 外国人出入境证

（17）外交官证（见图 2-25）。

图 2-25 外交官证

（18）领事馆证（见图 2-26）。

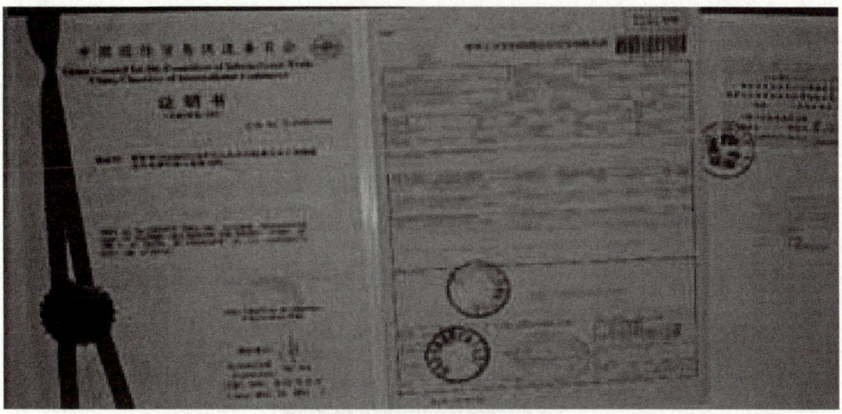

图 2-26 领事馆证

（19）海员证（见图 2-27）。

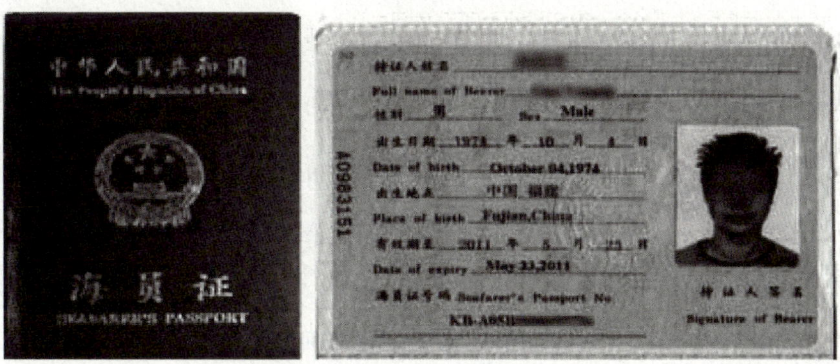

图 2-27 海员证

（20）铁路公安部门填发的乘坐旅客列车临时身份证明（见图 2-28）。

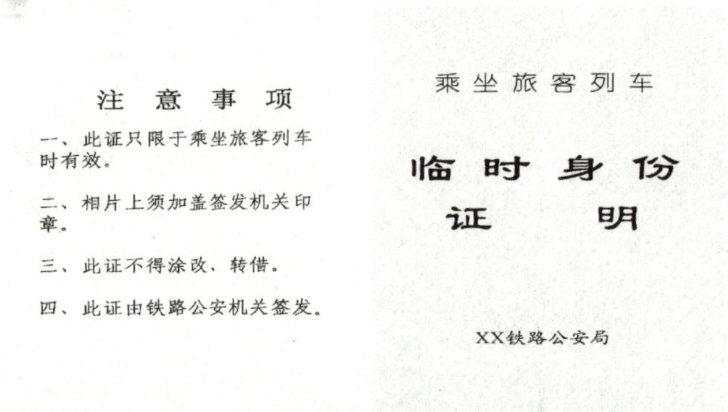

注 意 事 项

一、此证只限于乘坐旅客列车时有效。

二、相片上须加盖签发机关印章。

三、此证不得涂改、转借。

四、此证由铁路公安机关签发。

乘坐旅客列车

临时身份证明

XX铁路公安局

图 2-28　乘坐旅客列车临时身份证明

（21）学生证（见图 2-29）。

图 2-29　学生证

（22）港澳居民居住证（见图 2-30）。

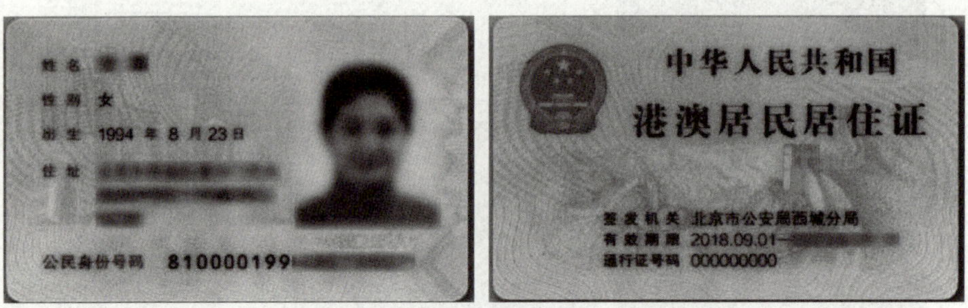

图 2-30　港澳居民居住证

（23）台湾居民居住证（见图 2-31）。

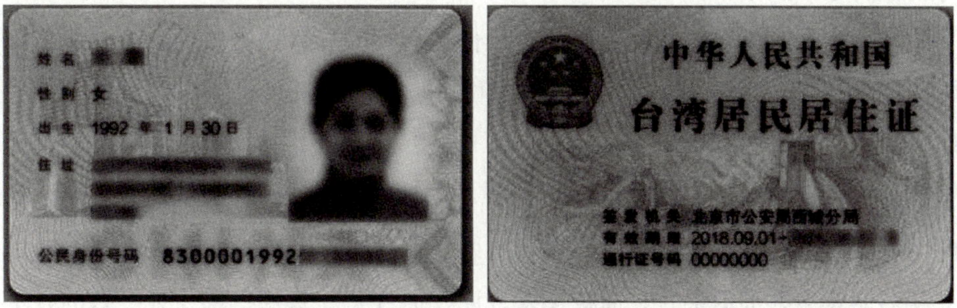

图 2-31 台湾居民居住证

2）扩展的有效身份证件

（1）扩展的有效身份证件包括：救助机构为受救助人员购票开具的救助证明、刑满释放证明等。

（2）铁路职工乘坐动车组列车、办理签证时，以下证件视为有效身份证件：

① 铁路全年定期乘车证和铁路通勤乘车证；

② 使用不带照片的铁路乘车证、各种特种乘车证和铁路专用定期票的，必须与铁路工作证同时使用方视为有效身份证件。

（3）旅客持往来港澳通行证购票时，如已购买内地车站至深圳市和珠海市车站车票时，可将往来港澳通行证作为有效身份证件，发售已购车票的接续车票；单独购买内地车站间车票时，往来港澳通行证不可作为购票有效身份证件。

（4）根据中央军委最新规定，军士证和警士证已正式启用，军士证和警士证可以作为铁路实名制购票和乘车的有效证件。

4. 售票管理

（1）购票人可以使用本人有效身份证件原件或复印件购买车票，也可以持乘车人的有效身份证件原件或复印件替乘车人代购车票。

（2）进行电话订票仅可使用二代居民身份证、港澳居民来往内地通行证、台湾居民来往大陆通行证、按规定可使用的护照。

（3）自助售票机受理二代居民身份证的购票和取票业务。

（4）一张有效身份证件同一乘车日期同一车次同一乘车站（含同城车站）只能购买一张实名制车票。一人一次凭所有乘车人的有效证件最多购票数量与铁路局规定的限购数量相同。

（5）配备二代居民身份证识读设备的售票窗口，必须通过二代居民身份证识读设备自动读取身份信息。遇二代居民身份证无法自动识读、识读设备故障或者使用其他有效身份证件购票时，在车站和代售点，由售票员录入证件号码。售票员应当认真核实旅客的有效身份证件，制票前应当提示旅客核实有效身份证件信息。窗口没有双屏时，售票员应当口述票面身份信息与旅客核对。

（6）制票后交付时旅客当场发现票面身份信息有误时，售票员收回作废、另发新票。旅客未当场核对票面身份信息，过后提出票面身份信息与有效证件信息不符的，由铁路公安制证口处理。

（7）须使用购买的减价优惠（待）票时，在出示有效身份证件的同时，还应出示符合规定的减价优惠（待）凭证，经核实后，方可购票、乘车。学生票按规定核减次数。

（8）实名制车票办理退票时，需核实票、证（原件）一致性；票、证一致的方予办理。

（9）实行实名制的车站的所有售票窗口及客票代售点均须配备二代身份证识读设备；自动售票机均须配备二合一（二代身份证和中铁银通卡）读卡设备。

5. 实名制车票售票、改签、退票

1）售票

旅客在12306. cn网站购票时，应准确填写有效身份证件的类型、姓名、号码等信息。网购车票换票时，有效身份证件类型、姓名、号码与购票时所填写的内容完全一致的方予换票；不一致的不予换票。

须凭证购买的学生票、残疾军人票等减价优惠（待）票，在出示有效身份证件的同时，还应出示符合规定的减价优惠（待）凭证原件，经核实后，方可购票、乘车。学生票按规定核减次数。

2）改签

（1）始发签证。

① 只允许改签日期、车次、席别；改签地可以是同城，改签新票与原票的发站可以是同城，改签新票与原票的到站可以是同城。

② 支付方式。改签可通过现金和电子支付方式。

通过电子支付方式办理改签业务时，若为低价改高价，则先扣新票款再退原票款；若为高改低，则退差；若等价，则不需要额外操作。

（2）中转签证。

签证时须根据原票的列车等级选择相应的功能菜单办理中转签证，否则票面将会出现不正常的票面信息（如：原票是普快列车，如果售票员选择“特快到底签证”，系统将会出现“与特快差”字样，表示与实际情况不符）。

中转签证取消手工输入票面信息的功能，实现了联网处理功能，系统根据售票员输入或扫描的21位票号联网查找通票存根信息并显示概要信息，根据通票信息进行签证的办理；中转签证只能在中转站办理，不能异地办理。

（3）互联网票改签。

互联网车票在车站售票窗口改签时，差额部分不可以用现金。

① 低改高。应当使用电子支付方式支付新票全额票价，原票票款按银行规定时限退回原购票时所使用的支付账户。

② 高改低。改签后新票票价低于原票或办理退票的，应退票款按银行规定时限退还原购票时所使用的支付账户。

3）退票

（1）办理退票时，需核实车票及其票面所载明的有效身份证件的一致性；票、证一致的方予办理。

（2）具体规定如下。

① 乘车人本人办理的，凭车票和购票时使用的有效身份证件原件；无法出示本人有效身份证件原件的，应到车站铁路公安制证口办理临时身份证明。

② 代乘车人办理的，凭车票和购票时所使用的乘车人有效身份证件原件；没有购票时所使用的乘车人有效身份证件原件的，须凭车票及办理人本人的有效身份证件原件和乘车人购票时所使用的有效身份证件复印件。

购票时所使用的乘车人二代居民身份证原件，应由系统通过二代居民身份证识读设备自动读取身份信息；对二代居民身份证不能自动识读、凭其他有效身份证件购票、凭乘车人有效身份证件复印件和办理人有效身份证件原件的，应人工核实票、证的一致性。

凭办理人本人有效身份证件原件和乘车人购票时所使用的有效身份证件复印件办理的，应当记录办理人有效身份证件信息备查。如发现办理人多次退票、有倒卖车票嫌疑的，应当及时报告铁路公安部门。

任务 2.6 严重失信人购买车票相关规定

按照国务院颁布的《征信业管理条例》、国家发展改革委等五部门发布的《关于加强交通出行领域信用建设的指导意见》、国家发展改革委等八部门发布的《关于在一定期限内适当限制特定严重失信人乘坐火车 推动社会信用体系建设的意见》等要求，为推进铁路信用体系建设，弘扬守信行为，铁路部门要规范、限制铁路旅客运输领域严重失信行为责任人（以下简称失信人）购买火车票。

1. 国家铁路集团有限公司主要职责

（1）贯彻执行国家信用体系建设法律法规，制定铁路旅客信用信息记录管理规章制度并组织实施，指导和监督各铁路局集团公司铁路旅客信用信息记录管理工作。

（2）组织开发、维护铁路旅客信用信息相关应用，并组织培训。

（3）协同国家相关部门，建立铁路旅客信用联动机制。

2. 铁路公安部门主要职责

（1）对涉嫌违法犯罪的相关严重失信行为进行调查取证，依法予以处理。

（2）对依法予以行政处罚或立为刑事案件的失信人信息，相关铁路公安局每月 20 日前，按规范格式推送给相关铁路局集团公司。

3. 各铁路局集团公司主要职责

（1）落实国铁集团规定，组织客运站段做好铁路旅客信用管理实施工作。

（2）协同地方政府相关部门建立信用联动机制。

（3）监督、检查、指导客运站段做好铁路旅客信用管理工作。

（4）复核、确认铁路旅客信用信息记录。

（5）负责本局并协调其他铁路局集团公司的有关铁路旅客信用信息异议受理、处理工作。

4. 客运站段主要职责

（1）组织岗位工作人员按规定做好铁路旅客严重失信行为证据采集，做好信息录入、审核、移除及相关证据资料保管等管理工作。

（2）及时做好旅客信用信息异议的复核，反馈核查结果。

5. 对发生下列严重失信行为的旅客限制乘坐铁路旅客列车

（1）扰乱铁路站车运输秩序且危及铁路安全、造成严重社会不良影响的；

（2）在动车组列车上吸烟或者在其他列车的禁烟区域吸烟的；

（3）查处的倒卖车票、制贩假票的；

（4）冒用优惠（待）身份证件、使用伪造或无效优惠（待）身份证件购票乘车的；

（5）持伪造、过期等无效车票或冒用挂失补车票乘车的；

（6）无票乘车、越站（席）乘车且拒不补票的；

（7）依据相关法律法规应予以行政处罚的。

6. 严重失信行为以公安机关处罚或铁路站车单位认定为准

（1）发生严重失信行为中第（1）、（2）、（3）、（7）种情形即认定为失信行为。自公示期满无有效异议之日起 180 天内限制其购买车票。

（2）发生严重失信行为中第（4）、（5）、（6）种情形即认定为失信行为。发生第（4）、（5）种情形即使旅客按规定补票也认定为失信行为，发生第（6）种情形旅客在结束本次旅行前最终按规定补票则不认定为失信行为。

旅客未补票的，自公示期满无有效异议之日起至失信人补齐所欠票款前限制其购买车票；失信人补齐第一次所欠票款后（自补票次日算起）一年内，三次发生上述第（4）、（5）、（6）种情形的，失信人补齐所欠票款后 90 天（含 90 天）内限制其购买车票。

（3）失信人的限制购票期限期满次日起自动解除对其的购票限制。

7. 严重失信行为的证据

站车现场采集严重失信行为的证据包括：失信人本人书面证明或音视频记录或 2 名以上旅客证人证言。

（1）站车工作人员应使用客运记录详细记录失信人的姓名、有效身份证件类型及号码、住址、联系方式、乘车日期、车次、区间、失信行为、处理情况等信息，并由站车工作人员和失信人本人签字。失信人拒绝签字时应当注明。

（2）站车工作人员应采用音视频记录仪、视频监控系统记录处置全过程。不具备音视频记录条件时应收集 2 名以上旅客的证人证言。

（3）站车工作人员在处置时，应通过口头或书面方式明确告知旅客处置依据和将被纳入铁路旅客信用信息管理，采取限制购票措施。

告知模板

×××旅客，您的×××××行为违反了国家发展改革委等八部门《关于在一定期限内适当限制特定严重失信人乘坐火车　推动社会信用体系建设的意见》的规定，我们将记录您的身份信息，在一定期限内限制您购票，并按规定向国家、地方政府相关部门和有关征信机构提供铁路旅客信用信息。

为避免对个人信用造成影响，请您自觉遵守国家法律规定和铁路有关规定，自觉维护铁路旅客运输秩序。

谢谢配合！

8. 失信人失信行为信息录入

站车工作人员发现严重失信行为时，按照“谁采集，谁录入”的原则，在 5 日内通过“铁路客运管理信息系统”（网页版或手机 App）中“征信管理”功能模块，按指定格式录入失信人失信行为信息。

客运站段应指定专人负责，在 5 个工作日内审核完毕录入的信息，并上传至铁路局集团公司。铁路局集团公司客运主管部门应在每月 25 日前完成对客运站段上传的失信行为信息复核，发现问题的及时组织核实，确认无误的生成铁路旅客信用信息记录。

对站车未掌握的铁路公安机关推送的失信人处罚信息，由铁路局集团公司制定信息录入流程。

9. 失信人失信行为证据的管理

客运站段要做好对失信人失信行为证据的管理，对电子格式文件和视频应使用单独的存储介质保管，并做好备份，不得随意存放在工作电脑中，防止失信人身份信息、相关证据外泄或遗失。相关证据应保存 5 年。

10. 失信人信息进行公示和异议处置

每月第一个工作日，12306.cn 网站、“信用中国”网站发布失信人的完整信息，信息自发布之日起 7 个工作日为公示期。公示期内，被公示人可通过铁路“12306”客服电话提出异议，被公示人未提出异议或者提出异议经审查未予支持的，开始按照公示名单执行惩戒措施。

各铁路局集团公司客户服务中心接到其他铁路局集团公司站段录入的失信人异议时，应将失信人异议转相关铁路局集团公司客户服务中心受理。

各铁路局集团公司应指定人员负责对失信人提出的异议进行复核，复核结果应在 7 个工作日内，由客户服务中心回复失信人，需书面回复时模板格式如下。

铁路旅客信用信息记录核查通知

×××先生（女士）：

因您对铁路旅客信用信息记录有异议，铁路部门依据国家发展改革委等八部门《关于在一定期限内适当限制特定严重失信人乘坐火车　推动社会信用体系建设的意见》的规定，已组织进行复核、审查，经核查：××年××月××日，××先生（女士）××××××，属严重失信行为。

××铁路客户服务中心

××年××月××日

11. 车站窗口失信补票

旅客需对录入的发生严重失信行为中第（4）、（5）、（6）种行为，进行补票时，可到车站指定售票窗口办理，所补车票样式如图 2-32 所示。

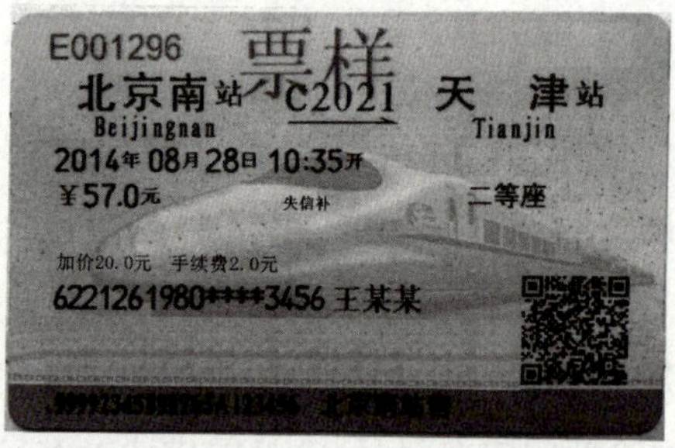

图 2-32　车站窗口失信补票票样

12. 铁路旅客信用信息管理

铁路旅客信用信息记录及相关资料应按规定流程核查、复核，任何单位和个人不得擅自修改、删除、损毁。任何单位和个人不得擅自向其他单位和个人推送、发布、泄露铁路旅客信用信息及相关资料。对违反规定的，严肃追究其责任，涉及违法犯罪时依法移送司法机关。

国铁集团协调国家社会信用体系建设部际联席会议成员单位，建立铁路旅客信用信息提供、使用、修改、删除等机制，定期汇总铁路旅客信用信息，按规定向国家相关部门和有关征信机构提供铁路旅客信用信息。

各铁路局集团公司应积极参与地方政府信用体系建设，建立铁路旅客信用信息提供、使用、修改、删除等机制，按规定向地方政府相关部门和有关征信机构提供铁路旅客信用信息。

铁路旅客信用信息记录期限，自失信行为发生之日起一般为5年；超过5年的，应当予以删除。国家对相关期限另有规定的，从其规定。

任务2.7　旅客乘车条件

1. 旅客乘车条件基础知识

（1）旅客的乘车凭证是购票时使用的有效身份证件；随行免费乘车儿童的乘车凭证是其申明时所使用的儿童有效身份证件。

（2）旅客应当按有效车票载明的日期、时间、车次、车厢号、席位号和席别乘车。

（3）持低票价席别车票的旅客不能在高票价席别的车厢（区域）滞留。

（4）视力残疾旅客可以携带取得导盲犬工作证（载有导盲犬使用者信息，盖有公安部门或残疾人联合会公章，或带有国际导盲犬联盟标识“IGDF”），用于辅助视力残疾人工作、生活的导盲犬进站乘车。旅客进站、乘车时，需主动出示残疾人证、导盲犬工作证、动物健康免疫证明等证件，携带的导盲犬应接受安全检查。

（5）对无票乘车而又拒绝补票的人，列车长可责令其下车并应编制客运记录交前方三等以上车站或县、市所在地车站处理（其到站近于上述车站时应交到站处理）。车站对列车移交或本站发现的上述人员应追补应收和加收的票款。

（6）对下列旅客，站、车均可拒绝其进站、上车或责令其下车；对责令其下车的，其未使用至到站的票款不予退还，运输合同即行终止。

① 有《中国国家铁路集团有限公司铁路旅客运输规程》第四十一条规定的情况之一，拒不支付应补票款和加收票款的；

② 不接受安全检查的，坚持携带或者夹带禁止、限制物品的；

③ 不接受车票实名制查验的；

④ 在站、车内寻衅滋事、扰乱公共秩序，患有烈性传染病、严重精神障碍和醉酒等有可能危及列车安全或者其他旅客以及铁路站车工作人员人身安全的；

⑤ 国家规定的其他情况。

2. 不符合乘车条件的处理

（1）有下列行为时，铁路运输企业按规定要求补票，并加收已乘区间应补票价50%的票款：

① 无票乘车且未主动补票时，补收自乘车站（不能判明时自始发站）起至到站止的车票票款。持失效车票乘车或在车票到站后不下车继续乘车的，按无票处理。

② 持用变造、伪造或涂改的乘车凭证乘车时，除按无票处理外并送交公安部门处理。

③ 票、证、人不一致的，按无票处理。

④ 持用低票价席别车票乘坐高票价席别时，补收所乘区间的票价差额。

⑤ 旅客持优惠票、优待票，没有规定的减价凭证或不符合减价条件时，按照全价票价补收票价差额。

（2）有下列情况时应当补收票款：

① 应购买儿童优惠票而未买票的儿童，补收儿童优惠票票款。

② 应购买全价票而购买儿童优惠票乘车的未成年人，应补收儿童优惠票票价与全价票票价的差额。

主动补票或者经站、车同意上车补票的。

【例 2-5】 2023 年 6 月 12 日，吐鲁番至连云港的 1333 次（新空，经由河口南、宝鸡）到达洛阳站后客运员发现，一名旅客持当日本次列车嘉峪关至灵宝的半价硬座车票一张，携带一名儿童及一个重 20 kg 的背包，声称残疾军人证丢失，经查儿童出生日期为 2016 年 6 月 11 日。请问如何处理？

【解】

事由：成人减价不符、无票、儿童超龄无票；

（1）成人。

嘉峪关—灵宝　1 658 km

全半新空硬座普快票价差：169. 00−169. 00×50%＝84. 50（元）

加收票价：84. 50×50%＝42. 50（元）

灵宝—洛阳　175 km

新空硬座普快票价：25. 50 元

加收票价：25. 50×50%＝13. 00（元）

（2）儿童超龄无票。

嘉峪关—洛阳　1 833 km

半价新空硬座普快票价：182. 00×50%＝91. 00（元）

票款合计：84. 50+42. 50+25. 50+13. 00+91. 00＝256. 50（元）

发售电子客票，填写客运运价杂费收据（简称客杂）核收运费。

【例 2-6】2023 年 3 月 26 日，K190 次列车停在沈阳站，列车员在车门迎客时发现一名旅客持本次列车沈阳—天津车票两张（全、半价票各一张），同时携带 3 名儿童（儿童出生日期分别是 2017 年 4 月 11 日、2019 年 5 月 16 日、2021 年 7 月 23 日），列车如何处理？（K190 次列车由丹东发往上海，新空，经沈丹线、沈山线、津山线、京沪线）

【解】

事由：超龄、携带免费儿童超过一名。

（1）儿童超龄。

补收：沈阳—天津 722 km

全价新空客快速票价：98.00 元

半价新空客快速票价：49.00 元

票价差：49.00 元

（2）携带免费儿童超过一名。

补收：沈阳—天津 722 km

半价新空客快速票价：49.00 元

票款合计：49.00+49.00=98.00（元）

发售电子客票，填写客运运价杂费收据核收运费。

任务 2.8 退 票

1. 车票退票规则

（1）旅客要求退票时，须在车票载明的日期、车次开车时间前办理。已办理行李托运的车票退票时，应先办理取消行李托运业务。

退票核收退票费，应退票款按购票时的支付方式退还。

旅客在 12306 网站、自动售票机退票后，可在办理之日起 180 日以内到车站售票窗口凭购票时使用的有效身份证件领取退票费报销凭证。

（2）下列情况不办理退票。

① 车票发站开车后；

② 开车后改签的车票；

③ 加收的票款；

④ 车补车票（因未通过或未办理学生资质核验和丢失购票时使用的有效身份证件，而办

理的补票除外)。

(3) 在车站售票窗口办理退票时，乘车人本人办理的，需出具购票时所使用的有效身份证件；代乘车人办理的，需出具代办人的有效身份证件和乘车人购票时所使用的有效身份证件。

(4) 旅客办理已打印报销凭证的车票退票或退款手续时，须交回报销凭证。报销凭证无法交回或不可识别、不完整时，铁路运输企业不办理退票或退款。距票面乘车站开车前 8 天以上的不收退票费；开车前 48 h 以上、不足 8 天的，按票面价格 5%计；开车前 24 h 以上、不足 48 h 的，按票面价格 10% 计；开车前不足 24 h 的，按票面价格 20%计。改签后的车票乘车日期在春运期间的，退票费按开车前不足 24 h 标准核收。退票费最低按 2 元计收，当车票票面价格不足 2 元时按票面价格计收。

(5) 距票面乘车站开车前 48 h 以上、不足 8 天的车票，改签或变更到站至开车前 8 天以上的列车，又在距开车前 8 天以上退票的，核收 5%的退票费。

(6) 自停运命令下达之时起至票面乘车日期后 30 日内(含当日)，旅客可办理停运列车车票退票，退票时不收取退票费。

(7) 计算的尾数以 5 角为单位，尾数小于 2. 5 角的舍去、2. 5 角以上且小于 7. 5 角的计为 5 角、7. 5 角以上的进为 1 元。

(8) 旅客如需要退票费报销凭证的，可在办理之日起 180 日以内(含当日)凭购票时所使用的有效身份证件原件到车站退票窗口索取。办理退票后核收退票费的，车站售票窗口应按规定为旅客打印退票费报销凭证；因特殊情况，退还部分票价差额后需重新打印报销凭证的，车站售票窗口应根据旅客需要为其打印退票报销凭证。

2. 因铁路运输企业责任或自然灾害等其他不能正常运输情形导致旅客退票

因铁路运输企业责任或自然灾害等其他不能正常运输情形导致旅客退票时，不收退票费。

(1) 在车票发站，退还全部票款；

(2) 在中途站，退还未乘区间票款；

(3) 在到站，退还车票未使用部分票款；

(4) 列车因空调设备故障在运行过程中不能修复时，应退还未使用区间的空调费用。

【例 2-7】3 月 2 日，一旅客持 3 月 3 日石家庄—成都的 1363 次(北京西—成都)硬座普快联合票一张，票价 98. 00 元，因邯郸—郑州发生水害造成线路中断，在石家庄站要求退票。

办理如下：

应退票价：98. 00 元

不收退票费。

【例 2-8】3 月 2 日，1363 次（北京西—成都）列车运行至石家庄，因邯郸—郑州发生水害造成线路中断，该旅客持当日北京西至成都的硬座普快卧（下）联合票一张，票价 239 元，在石家庄下车要求退票。

办理如下：

已收票价：239. 00 元

已乘区间票价：北京西—石家庄 277 km

客票票价：18. 00 元 普快票价：3. 00 元

硬卧（下）票价：39. 00 元

合计 60. 00 元

应退票价：已收票价（239. 00）-已乘区间票价（60. 00）= 179. 00（元）

3. 旅客因伤、病不能继续旅行时的退票

旅客旅行途中因伤、病不能继续旅行时，经站、车核实，可在下车后 30 日以内到下车站办理退票，退还已收票价与已乘区间票价差额，核收退票费；同行人同样办理。

【例 2-9】3 月 2 日，一旅客持 3 月 3 日石家庄—成都的 1363 次（北京西—成都）硬座普快联合票一张，票价 98. 00 元，因邯郸—郑州发生铁路交通事故造成线路中断，在石家庄站要求退票。

办理如下：

应退票价：98. 00 元

不收退票费。

【例 2-10】2023 年 5 月 15 日，石家庄—昆明 T61 次列车（新空，经由京广、太新、焦柳、沪昆）运行至张家界站时，一旅客持本次列车关林—宣威硬座特快卧（下）车票，突发疾病，需下车治疗（有列车长开具的客运记录），张家界站如何处理？

解：旅客因病中途下车，退还已收票价与已乘区间票价差额，核收退票费。

已收　关林—怀化—宣威　1 906 km

新空硬卧快速（下）票价：397. 00 元

已乘　关林—张家界　841 km

新空硬卧快速（下）票价：208. 00 元

应退票价：397. 00-208. 00 = 189. 00（元）

退票费：189. 00×20%≈38. 00（元）

净退：189. 00-38. 00 = 151. 00（元）

填写退票报告，将退票费报销凭证交给旅客。

4. 其他情况产生退票的处理

1）特殊情况退票

（1）因列车席位调整，导致旅客在实际开车前要求办理退票时，车站应按照铁路不能正常运输情形导致旅客退票的规定处理，向旅客退还全部票款，不收退票费。如旅客自行通过12306网站办理退票后，要求退还退票费时，可引导旅客拨打12306办理。

（2）因乘坐列车途中晚点导致无法正常使用联程车票时，旅客自行在12306网站办理联程车票退票后，要求退还退票费的，以及联程车票开车后无法退票时，可引导旅客拨打12306办理。

（3）因特殊情况导致旅客无法在开车前及时办理退票的，经车站售票负责人同意，可在开车后2小时内办理退票，核收退票费，并附具相应书面证明。

2）旅客购票后，丢失购票身份证件的处理方式

（1）旅客在乘车前丢失证件的，应到该有效身份证件的发证机构办理临时身份证明，凭临时身份证明进出站乘车。

（2）旅客在列车上、出站前丢失证件的，须先办理补票手续，凭后补车票检票出站。在列车上办理时，列车核验席位使用正常的，开具客运记录；在车站办理时，车站核验车票无出站检票记录的，开具客运记录。旅客应在乘车日期之日起30日以内，凭该有效身份证件发证机构办理的临时身份证明和后补车票（如开具纸质客运记录，还应携带纸质客运记录），到列车的经停站退票窗口办理后补车票与原票乘车区间一致部分的退票手续。办理退票手续时，如核查丢失证件所购原票有出站记录的，后补车票不予退票；无出站记录的，办理退票时，不收退票费。

（3）持有儿童优惠票的旅客在列车上、出站前丢失购票证件时，如本人或同行成年人旅客可以提供儿童优惠票购票信息时，可按儿童优惠票先办理补票手续，具体检验和退票规则，比照现行丢失购票证件有关规定执行。如本人或同行成年人旅客无法提供儿童优惠票购票信息时，凭中华人民共和国居民身份证、居民户口簿等可判定年龄的有效身份证件信息补票时，按证件信息判定年龄后补票；凭护照、出入境通行证等无法判定年龄的有效身份证件信息补票时，按成人办理补票。到站后，退票时如核实旅客确实已购儿童优惠票，但后补车票与原票区间不一致时，可通过车站售票窗口人工办理退差手续，未退还票款开具退票报销凭证，其他比照现行丢失购票证件有关规定执行。

3）无法判别优惠（待）资质的处理方式

（1）通过优惠资质核验的学生乘车时，列车应通过手持作业终端核验学生优惠票区间与学生证中填写的优惠区间是否一致。如区间不一致，对于已购学生优惠票区间超过学生证记载的优惠区间的，核收超过区间的票价差额，已核减的优惠次数不予退还；对于不符合学生证中优惠乘车区间或不符合减价优惠条件的，按全程全价核收票价差额，按规定核收加收票

款，退还已核减的优惠次数。

（2）未通过优惠资质核验购买学生优惠票乘车时，列车应先办理补收票价差额手续。如已购学生优惠票区间与学生证中优惠区间一致时，则按优惠区间补全票价并开具客运记录；如学生已购车票区间超过学生证记载的优惠区间乘车的，分别核收超过区间的票价差额和已购车票区间与优惠区间一致部分的票价差额，并开具客运记录；对于不符合学生证中优惠乘车区间或不符合减价优惠条件的，按全程全价核收票价差额，按规定核收加收票款，退还已核减的优惠次数。旅客到站后可凭车补车票、学生证和购票时所使用的有效身份证件（列车如开具纸质客运记录，还应携带纸质客运记录），30 日以内到车站售票窗口办理资质核验，核验通过的退还已购车票与优惠区间一致部分的车补车票；核验未通过的退还已核减的优惠次数，车补车票不退。

（3）旅客已购学生优惠票区间的发到站与学生证优惠区间的发到站为同城车站，视为区间一致。

（4）已购学生优惠票区间超过学生证记载的优惠区间时，如所乘列车不停靠学生证优惠区间的发到站时，按学生证优惠区间内与发到站最近列车停靠站办理补收票价差额手续。

任务 2.9 旅行变更

1. 改签、签证

1）旅客自身责任

（1）办理原因：旅客不能按票面指定的乘车站、日期、车次乘车。旅客可办理一次改签，在铁路有运输能力的前提下，按规定办理。

（2）办理时间：开车前超过 48 h 的，可改签预售期内的列车；开车前 48 h 以内的，可改签车票载明的乘车日期以前的列车，不办理车票载明的乘车日期次日及以后列车的改签；开车之后，旅客仍可改签当日其他列车。办理变更到站的改签时，应在开车前 48 h 以上办理，原车票已托运行李的，还应先办理行李变更或取消业务。

（3）办理条件和具体办理方法如下。

① 旅客可在车站售票窗口、12306 网站和具备改签功能的自动售票机办理改签。凭各种有效身份证件购买的车票均可在车站售票窗口办理改签，但已打印报销凭证的和使用现金支付方式购买的车票，仅可在车站售票窗口办理改签；凭 12306 网站购票证件且使用电子支付方式购买的车票，可通过 12306 网站办理改签；在具备改签功能的自动售票机办理改签时，应按系统提示办理。

② 在车站售票窗口办理改签时，乘车人须出具购票时使用的有效身份证件；他人代办时应出具代办人的有效身份证件及乘车人购票时使用的有效身份证件。

③ 旅客办理已打印报销凭证的车票改签时，须交回报销凭证。报销凭证无法交回或不可识别、不完整时，铁路运输企业不予办理改签。

④ 旅客办理改签时，改签后的车票票价高于原票价时，核收票价差额；改签后的车票票价低于原票价时，退还票价差额，核收票价差额的退票费。

⑤ 旅客在列车上办理席位变更时，变更后的票价高于原票价时，核收票价差额；变更后的票价低于原票价时，票价差额部分不予退还。

【例 2-11】 2022 年 3 月 1 日，2015 次列车（吉林—哈尔滨，非空调车）舒兰站开车前，一旅客持吉林—哈尔滨的硬座车票，来到舒兰站售票窗口要求改乘软座至到站，车站有剩余票额，如何办理？

【解】 变座

舒兰—哈尔滨 185 km

软座客票票价：22. 50 元

硬座客票票价：11. 50 元

补差：11. 00 元

【例 2-12】 2022 年 3 月 1 日，K78 次列车（长春—宁波东，新型空调车）吉林站开车，一旅客持吉林—宁波东的有效硬座客快速卧（上）车票，来到吉林站售票窗口要求改乘软卧至到站，车站有剩余票额，如何办理？

【解】 变铺

新空软座客快速卧（下）票价：810. 50 元

新空硬座客快速卧（上）票价：525. 50 元

补差：285. 00 元

2）铁路运输企业责任

（1）办理原因：因铁路运输企业责任使旅客不能按票面记载的日期、车次、座别、铺别乘车。

（2）办理方法：站、车应重新妥善安排。重新安排的席位票价高于原票价时，超过部分不予补收。低于原票价时，应退还票价差额，不收退票费。

【例 2-13】 2022 年 3 月 1 日，K668/5 次列车（沈阳北—福州，新空）锦州南开车，一旅客持当日本次列车锦州南—福州的硬座客快速卧车票，3 车 15 下，票号 R031061，该铺沈阳北站已发售，列车无力安排其他铺位，该旅客乘硬座至到站，站车如何处理？

【解】(1) 安抚旅客，做好解释和服务。

(2) 调查重号原因，拍发电报。

(3) 编制客运记录与福州站办理交接。

(4) 福州站应为旅客办理退票手续，不收退票费。

锦州南—福州 2 540 km

硬卧下铺票价：219.00 元

合计：219.00 元

填写退票报销凭证，上报退票报告。

2. 变更到站

(1) 办理原因：旅客购票后，可根据行程变化，重新选择新的目的地，在车票预售期内变更到站及乘车日期、车次、席位。

(2) 办理方法如下。

① 在原车票开车前 48 h 以上，旅客可任意选择有余票的列车。已换取纸质报销凭证的，可在车站指定售票窗口办理；未换取纸质报销凭证的，也可在 12306. cn 网站办理。

② 办理"变更到站"不收取手续费。

③"变更到站"只办理一次。已经办理"变更到站"的车票，不再办理改签。

④ 办理"变更到站"时，新车票票价高于原车票的，补收差额；新车票票价低于原车票的，退还差额，对差额部分核收退票费并执行现行退票费标准。

3. 车票退改签管理要求

(1) 旅客提前或错后乘车，特别是动车组列车，必须改签后方能乘车。车站要加强检票，车次不符的不予放行。

(2) 对于持可识读身份证件购票的旅客，车站要尽量引导其通过闸机检票。

(3) 列车验票时，对发现车次不符的要补签。

(4) 车站对含有检票标记或客票系统有检票记录的车票，除有客运记录证明是本站进、本站出或中途因病等特殊情况需退票外，一律不予改签、退票。

4. 越站

1) 定义

越站指旅客在车票到站前，由于旅行计划的变更，越过原票到站的乘车。

2) 办理方法

旅客要求越过车票到站继续乘车时，须在原车票到站前提出，在有运输能力的情况下列车可予以办理，核收越站区间的票款。

3) 不能办理越站的情况

(1) 列车严重超员。

（2）乘坐卧铺的旅客买的是给中途站预留的卧铺。

（3）乘坐的是回转车，途中需甩车。

【例 2-14】2022 年 3 月 1 日，K430 次列车（通化—北京，新空）梅河口开车，一旅客持通化—沈阳北的当日本次列车硬座车票，要求乘车至终点站，列车如何办理？

【解】越站

沈阳北—北京 703 km

新空硬座客快速票价：98.00 元

列车可使用补票机发售车票，若补票机故障，填发代用票。

5. 分乘

1）定义

两名以上旅客共持一张代用票要求办理分票手续。

2）办理方法

二人以上旅客使用一张代用票，要求分开乘车时，应收回原票，换发代用票。办理时按分票的张数核收手续费，分乘与旅行变更同时发生时，按变更人数核收一次手续费。

任务 2.10　车票的检验和违章乘车的处理

1. 车票的检验

1）车站验票

旅客购票上车时必须经检票口检票进站。出站时验票出站。

这样做的目的如下。

（1）为了维护站、车秩序，保证旅客安全，避免旅客上错车、下错站。

（2）车票经车站加剪表示旅客旅行开始和旅客运输合同履行的开始。电子客票检票后，表示运输合同履行的开始。

（3）通过检票可以准确统计上车人数，掌握旅客到站，为有计划地输送旅客提供可靠资料，更好地为旅客服务。

2）列车上的验票

（1）列车的验票工作应由列车长负责组织实施，由乘警、列车值班员等有关人员配合。验票原则上每 400 km 一次，运行全程不足 400 km 的列车应查验一次，特殊区段由列车长决定查验次数的增减。对于持用减价票和铁路签发的各种乘车证的旅客，验票时应检查、对照减价凭证和规定的相应证件。

（2）铁路稽查执行任务时佩戴稽查臂章可以在列车内验票。铁路稽查执行任务时，应事先与列车取得联系，特殊情况可先执行任务。列车长、乘警及其他列车工作人员对稽查工作应予以配合。

2. 对违章乘车的处理

（1）对无票乘车而又拒绝补票的人，列车长可责令其下车并应编制客运记录交前方三等以上车站或县、市所在地车站处理（其到站近于上述车站时应交到站处理）。车站对列车移交或本站发现的上述人员应追补应收和加收的票款。

（2）对下列旅客，站、车均可拒绝其进站、上车或责令其下车；对责令其下车的，其未使用至到站的票款不予退还，运输合同即行终止。

① 有《中国国家铁路集团有限公司铁路旅客运输规程》第四十一条规定的情况之一，拒不支付应补票款和加收票款的；

② 不接受安全检查的，坚持携带或者夹带禁止、限制物品的；

③ 不接受车票实名制查验的；

④ 在站、车内寻衅滋事、扰乱公共秩序，患有烈性传染病、严重精神障碍和醉酒等有可能危及列车安全或者其他旅客以及铁路站车工作人员人身安全的；

⑤ 国家规定的其他情况。

【例 2-15】2022 年 7 月 19 日，K264 次列车（徐州—兖州—党家庄—济南—蓝村—青岛，新空）兖州站停，旅客王静持 7 月 18 日 K264 次列车徐州—青岛硬座车票找到列车长，要求乘车去青岛，列车应如何处理？

【解】

事由：除有效期有其他规定的车票外，车票当日当次有效。旅客自行中途上车、下车的，未乘区间的票款不予退还。

兖州—青岛 549 km

客票票价 46.00 元

加快票票价 18.00 元

空调票票价 11.00 元

小计：75.00 元

合计：75.00 元

发售电子客票，填写客运运价杂费收据核收运费。

【例 2-16】2022 年 7 月 24 日，重庆—昆明的 K167 次（经川黔、沪昆线，新空）列车到达昆明站前，验票发现旅客持重庆—昆明硬卧车票一张（13 车 13 下），携带 13 周岁儿童一名，本列车无剩余卧铺，列车如何处理？

【解】

事由：儿童无票

重庆—昆明　1 101 km

半价新空硬座客快速票价：71. 00 元

合计：71. 00 元

根据以上信息，填写代用票。

【例 2-17】2022 年 4 月 10 日，4132 次列车（前进镇—哈尔滨东，经由佳木斯、南岔、绥化，新空）到达铁力站，在组织旅客出站时，出站口客运员发现一名成人持 4 月 8 日 4132 次列车前进镇—哈尔滨硬座全价车票一张。铁力站应如何处理？

【解】除有效期有其他规定的车票外，车票当日当次有效。

有下列情况行为时，除按规定补票，核收手续费以外，铁路运输企业有权对其身份进行登记，并须加收已乘区间应补票价 50%的票款；无票乘车时，补收自乘车站（不能判明时自始发站）起至到站止车票票价。持失效车票乘车按无票处理。

前进镇—铁力　　574 km

新空硬座客快速票价：69. 00 元

加收 50%票款：69. 00×50% = 34. 50（元）

合计：69. 00+34. 50 = 103. 50（元）

根据以上信息，填写客运运价杂费收据。

【例 2-18】2022 年 4 月 17 日，K7050 次列车（加格达奇—哈尔滨，经由富裕、齐齐哈尔、红旗营，新型空调车）到达哈尔滨站，在组织旅客出站时，出站口客运员发现一名成人旅客带一名 15 周岁的儿童，持该次列车加格达奇—哈尔滨全价、半价硬座车票各一张，哈尔滨站应如何处理？

【解】应购买全价票而购买儿童优惠票乘车的未成年人，应补收儿童优惠票票价与全价票票价的差额。

加格达奇—哈尔滨　　719 km

全价新空硬座客快速票价：98. 00 元

半价新空硬座客快速票价：49. 00 元

全价票与半价票票价差：98. 00-49. 00 = 49. 00（元）

合计：49. 00 元

根据以上信息，填写客运运价杂费收据。

【例 2-19】2022 年 4 月 6 日，T184/1 次列车（哈尔滨—汉口，经由长春、四平、沈阳北、天津、霸州、衡水、石家庄、郑州，新空）到达郑州站，在组织旅客出站时，出站口客运员发现一成人旅客带一名 2015 年 4 月 5 日出生的儿童，持当次天津—郑州全价车票一张，郑州站应如何处理？

【解】应购买儿童优惠票而未买票的儿童，补收儿童优惠票票款。

天津—郑州　　799 km

半价新空硬座客快速票价：52. 50 元

小计：52. 50 元

根据以上信息，填写客运运价杂费收据。

【例 2-20】2022 年 4 月 10 日，K7091 次列车（哈尔滨东—满洲里，全程运行滨洲线，新空）到达满洲里站，在组织旅客出站时，出站口客运员发现一旅客持该次列车哈尔滨—满洲里硬座车票一张，票号 C000721，随身携带旅行包 1 个重 11 kg，内装活鸭二只，另携带手提包 1 个重 15 kg。满洲里站应如何处理？

【解】在车内或下车站，对超过免费重量的物品，其超重部分应自上车站至下车站补收行李运费。对不可分拆的整件超重、超大物品、活动物，按该件全部重量补收上车站至下车站行李运费。

哈尔滨—满洲里　　935 km

动物计费重量：11 kg

11 kg 行李运费：11×1. 622≈17. 80（元）

根据以上信息，填写客运运价杂费收据。

【例 2-21】2022 年 4 月 21 日，T310 次列车（齐齐哈尔—沈阳，经由红旗营、哈尔滨、长春、四平，新空）到达哈尔滨站，在组织旅客出站时，出站口客运员发现一旅客自称大庆站上车，没有任何凭证，且说不清上车时间。哈尔滨站应如何处理？

【解】有下列行为时，铁路运输企业按规定要求补票，并加收已乘区间应补票价 50% 的票款。无票乘车且未主动补票时，补收自乘车站（不能判明时自始发站）起至到站止的车票票款。

齐齐哈尔—哈尔滨　　288 km

新空硬座客快速票价：43. 50 元

加收 50%票款：43. 50×50%＝22. 00（元）

小计：43. 50+22. 00＝65. 50（元）

根据以上信息，填写客运运价杂费收据。

任务 2.11　误售、误购、误乘的处理

1. 误售、误购的处理

所谓误售、误购是指旅客在购票时因站名相似或口音不同等原因，导致其所购车票的到站与其所要到达的目的地不同。

在车站售票窗口发生旅客车票误售、误购时，旅客当场提出的，车站换发新票，需退还票价差额时，不收退票费。

铁路运输企业责任导致的误售应为旅客免费办理退票或换发新票。

【例 2-22】误售、误购的处理（应补收票价时）。

2022 年 3 月 18 日 K516 次列车（上海—长春，新空），一名旅客在南京站购票后核对票面时发现误购当日南京至常州硬座客快票（票号 A000001），其实际到站是沧州，当场向售票员提出，如何处理?

【解】在车站售票窗口发生旅客车票误售、误购时，旅客当场提出的，车站换发新票，需退还票价差额时，不收退票费。

已收票价：南京—常州　　　136 km

硬座票价：8. 50 元

普快票价：2. 00 元

小计：10. 50 元

正当票价：南京—沧州　　　898 km

新型空调硬座票价：70. 00 元

空调票价：17. 00 元

快速票价：28. 00 元

小计：115. 00 元

补收票价：115. 00-10. 50 = 104. 50（元）

南京站为旅客换发新票。

2. 误乘、误降的处理

发生误乘、误降时，旅客应向站车工作人员提出。列车长应编制客运记录交前方停车站；车站对本站发现或列车移交的误乘、误降旅客，应指定最近列车免费送回至车票到站或原票乘车站。如误乘旅客提出乘坐本趟列车直接去原票到站时，所乘列车票价高于原票价时，核收票价差额；所乘列车票价低于原票价时，票价差额部分不予退还。

3. 免费送回区间中途下车的处理

在免费送回区间，旅客不得中途下车。如中途下车，对往返乘车的免费区间，按返程所乘列车等级分别核收往返区间的票款。免费送回区间，旅客应按照铁路运输企业指定的席别乘坐，旅客如提出乘坐高票价席别时，应重新支付高票价席别票款。

免费送回中途下车需要确定往返乘车区间，几种往返乘车区间情况如图 2-33 所示。

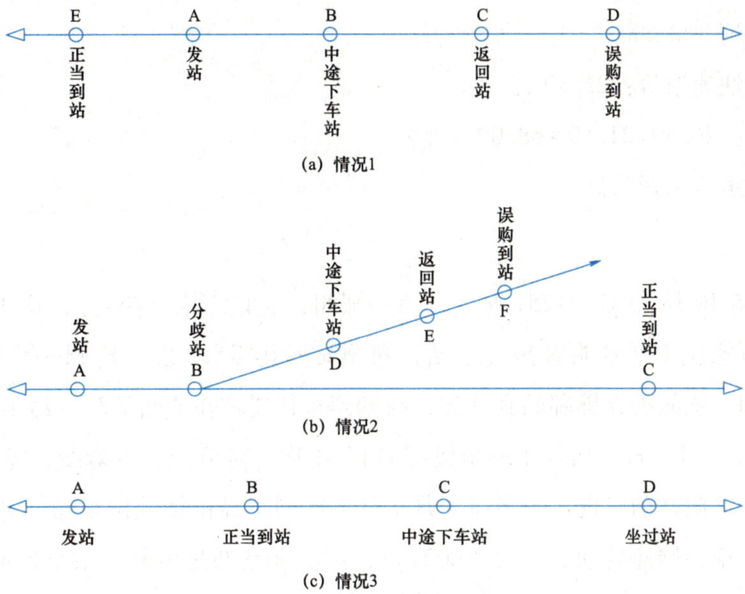

图 2-33 几种往返乘车区间情况

【例 2-23】2023 年 5 月 6 日，1254 次列车（武昌—天津，新空，经石家庄、德州）到达郑州站，列车移交一名持当日 1158 次列车信阳—常州（非空，经郑州、徐州）硬座车票的旅客，同时旅客持有误乘列车的客运记录，车站安排旅客乘坐 K292 次列车（郑州—昆山，新空，经合肥、芜湖、南京）免费送回至信阳站，旅客提出乘坐该列车直接到常州，并在乘车途中，从漯河站下车，请问郑州站、漯河站如何处理？

【解】（1）郑州站：误乘列车，免费送回至原票乘车站信阳，旅客提出直接乘坐本趟列车到常州，核收票价差额。

已收：信阳—郑州—徐州—常州：1 135 km

硬座普快票价：68. 50 元

应收：信阳—合肥—芜湖—南京—常州：746 km

新空硬座快速票价：102. 00 元

票价差：102-68. 50＝33. 50（元）

应收票款：33. 50 元

填发代用票，将代用票和客运记录一并交给旅客，并告知旅客在郑州—信阳间不得中途下车。

（2）漯河站：免费送回区间，旅客中途下车，按返程列车等级核收往返区间的票款，即信阳—郑州、郑州—漯河的票款。

信阳—郑州　　302 km

新空硬座快速票价：46.50 元

郑州—漯河 140 km

新空硬座快速票价：21.50 元

票款合计：46.50+21.50=68.00（元）

填写客运运价杂费收据。

练习题：

（1）2021 年 10 月 23 日，1251 次（北京—郑州，经京广线，新空），郑州站到站前发现一名持北京至石家庄车票的旅客坐过了站，郑州站安排 K518 次（广州—北京，经京广线，新空）列车返回。该旅客在邯郸站到站前，找到列车长要求在该站下车，站车如何处理？

（2）2022 年 4 月 6 日，乌鲁木齐至成都的 K451 次（兰新线，兰青线，陇海线，宝成线，新空）列车到达略阳站前发现，一名持 4 月 7 日本次列车经由镜铁山至略阳通票的旅客声称误购车票（非新空，硬座普快，票号 U00213），其实际到站是洛阳，站车如何处理？（旅客在略阳站要求乘次日成都至郑州的 K890 次（宝成线，陇海线，新空）硬卧下去洛阳站）

任务 2.12　电子客票

1. 定义

铁路电子客票是以电子数据形式体现的铁路旅客运输合同的凭证。

2. 购票渠道

铁路运输企业通过 12306.cn 网站（含 12306App，下同）或实行铁路电子客票的车站和铁路客票销售代理点（以下简称车站和铁路代售点）向旅客发售铁路电子客票。

3. 售票组织

（1）旅客通过 12306.cn 网站购买铁路电子客票后，可通过网站自行打印或下载行程信息单，也可在车站指定窗口或自动售/取票机打印。

（2）车站售票窗口、自动售/取票机和铁路代售点向旅客发售铁路电子客票时，应提供行程信息单，不出具纸质车票，旅客须当场核对购票信息。旅客如需接收购票信息或列车运行变更信息，还应提供购票人或乘车旅客的手机号码。

（3）行程信息单仅作为旅客购票的信息提示。旅客如需报销凭证，可于开车前或乘车日期之日起 180 日内，凭购票时所使用的有效身份证件原件，到车站售票窗口、自动售/取票机换取报销凭证；超过 180 日时通过铁路 12306 客服办理。行程信息单和报销凭证不能作为乘车凭证使用。

4. 进站乘车

（1）使用居民身份证（包含中华人民共和国居民身份证、外国人永久居留身份证、港澳台居民居住证）、港澳居民来往内地通行证、台湾居民来往大陆通行证等可识读证件（以下简称可自动识读证件）购买铁路电子客票的旅客，凭购票时所使用的乘车人有效身份证件原件，可通过实名制核验、检票闸机自助完成实名制验证、进出站检票手续。

（2）在 12306. cn 网站注册用户且成功完成人脸身份核验的旅客，购买电子客票后可凭铁路 12306 手机 App 生成的动态二维码，通过车站自动检票闸机办理进、出站检票手续。

（3）自动检票闸机、车站手持移动检票终端在识读旅客身份证件时所做的进站、出站记录分别作为铁路旅客运输合同运送期间的起、止。

5. 改签和退票

（1）旅客使用电子支付方式通过车站售票窗口、自动售/取票机、铁路代售点和 12306. cn 网站购买的铁路电子客票，均可通过 12306. cn 网站或车站指定窗口办理改签、退票手续。在 12306. cn 网站注册且通过手机 App 成功完成人脸身份核验的旅客，也可通过 12306. cn 网站办理其他人使用电子支付方式通过车站售票窗口、自动售/取票机、铁路代售点和 12306. cn 网站为其购买的电子客票的改签、退票手续，但已打印报销凭证的旅客，须到车站指定窗口按规定办理。

旅客使用现金方式购买的铁路电子客票，须到车站指定窗口办理改签、退票手续。

已打印报销凭证的铁路电子客票办理改签、退票手续时，须收回报销凭证。

（2）旅客办理铁路电子客票改签后，可重新打印行程信息单和报销凭证。

任务 2.13 客运记录

1. 定义

客运记录是指在旅客或行李、包裹运输过程中因特殊情况，承运人与旅客，托运人，收货人之间需记载某种事项或车站与列车之间办理业务交接的纸质或电子凭证。

2. 客运记录的作用

（1）站、车办理交接的依据。

（2）有关事项的纪实材料。

（3）旅客到站退款的凭证。

（4）其他情况需说明时的依据。

3. 客运记录的填写要求

（1）据实填写，事项齐全。客运记录是站车交接或站车与旅客交接的凭证，编写客运记录应内容准确、具体、详细、齐全、完整，如实反映情况，不得虚构、假想、臆测。如涉及旅客车票时，应有发到站、票号（涉及行李、包裹票时，除应有发到站、票号外，还应有旅客、发（收）货人姓名、单位、物品品名、数量、重量等）不得漏项。

（2）语言简练，书写清楚。语言要简明扼要，条理清楚、通俗易懂、能够用精练的语言说清问题。字体要清楚，不潦草，不写自造简化字。

（3）客运记录应有顺序编号，加盖编制人名章。客运记录一式两份，一份交接收人，另一份由接收人签字后自己留存。对留存的客运记录应装订成册，妥善保管，以备存查。

（4）应根据实际情况填写，并执行签收交接制度，严禁信用交接。

4. 编写范围

列车长在值乘中处理以下有关旅客及行李、包裹运输业务时，应编制客运记录，与车站等办理交接。

（1）车站发售卧铺重号，列车无力安排时。

（2）因承运人责任致使旅客不能按票面记载的日期、车次、席别乘车时，站车应妥善安排，重新安排的列车、席别低于原票等级应退还票款差额时。

（3）发生车票误售、误购，应退还票价差额时。

（4）旅客误乘列车或坐过了站，需免费送回时。

（5）旅客丢失车票，另行购票或补票后又找到原票要求到站后退还后补票款时。

（6）对无票乘车而又拒绝补票的人，列车长可责令其下车并应编制客运记录交县、市所在地车站或三等以上车站处理（其到站近于上述到站时应交到站处理）。

（7）旅客因病不能继续旅行时，列车长应编制客运记录交中途有医疗条件的车站。

（8）因铁路责任致使旅客在中途站办理退票，退还票价差额时。

（9）发现旅客携带危险品或国家禁止、限制运输的物品乘车，移交最近前方停车站或有关车站处理时。

（10）旅客携带品超过规定范围，无钱或拒绝补交运费，移交旅客到站或换乘站处理时。

（11）向查找站或列车终到站转送旅客遗失物品，与车站办理遗失物品交接时。

（12）旅客在列车内因病死亡，移交县、市所在地或较大车站处理时。

（13）列车内发现无人护送的精神病患者，移交到站或中转站处理时。

（14）发现违章使用铁路职工乘车证，移交到站或转交有关部门处理时。

（15）列车接到行包托运人要求在发站取消托运，将行包运回发站时。

（16）列车接到发站行李、包裹变更运输（包括行李误运）电报时，应编制客运记录，连同行李、包裹和运输报单，交前方营业站或运至新到站（需中转时，移交前方中转站继续运送），旅客在列车上要求变更时同样办理。

（17）列车上发现装载的行李、包裹品名不符，或实际重量与票面记载的重量不符，移交到站或前方停车站处理时。

（18）列车对已装运的无票运输行李、包裹，应编制客运记录，交到站处理。

（19）在列车内发现旅客因误购、误售车票而误运行李时，如期托运的行李在本列车装运，应编制客运记录，交前方营业站或中转站向当到站转运。

（20）行李、包裹在运输途中发生事故，移交到站处理时。

（21）旅客持挂失补车票乘车时。

（22）其他应与车站办理的交接事项。

5. 客运记录的样式

客运记录的样式如图 2-34 所示。

客统-1

沈 阳 铁 路 局

客 运 记 录

第 号

记录事由：

注：1. 站、车需要编制记录时均适用。

2. 本记录不能作为乘车凭证。

站段 编制人员 （印）

站段 签收人员 （印）

年 月 日编制

图 2-34 客运记录的样式

6. 部分电子化客运记录

1）电子化列车客运记录

（1）因列车晚点，影响旅客接续行程时，列车不开具客运记录。由车站通过客票系统查询列车晚点运行信息后，为旅客办理相关改签、退票手续。

（2）列车遇旅客持“挂失补车票”乘车时，在旅客到站前，查验旅客席位情况后，使用站车交互系统终端“客运记录”功能的“挂失补”模块，选择席位使用情况，向客票系统发送席位使用情况的确认信息。旅客在列车上办理“挂失补”的，列车长仍需开具纸质客运记录，一份交旅客，一份上交。

（3）因临时更换车体、空调故障等原因旅客需到站退还票价差额或空调费时，列车使用站车交互系统终端“客运记录”功能的“席位调整”或“空调故障”模块，向客票系统发送确认退差信息。

（4）以下情况执行特殊规定。

① 列车遇站车交互系统无信号、手持终端故障、登记失败时，应编制纸质客运记录，作为旅客到站办理退票的凭证。

② 列车上同一旅客同时发生挂失补、退票价差、退空调费等情形时，分别按指定模块确认录入。

③ 同一车次途中更换乘务担当时，发生挂失补、退票价差、退空调费等情形时，列车长办理口头或书面交接，旅客到站前，由担当乘务的列车长录入确认信息。

2）车站严格信息核验

（1）旅客到车站办理挂失补退票、退还差价、退还空调费及晚点接续行程退票时，车站退票窗口自动通过客票系统查询电子客运记录或列车运行信息。经核查信息无误的，按规定予以办理。

（2）经系统核查无相应信息或无纸质客运记录的，车站应记录旅客身份信息，车票信息和联系电话。车站负责联系担当客运段或相关车站确认信息，涉及外局担当列车或车站的，报所属铁路局客户服务中心，转担当局客户服务中心协查确认。

（3）担当客运段或车站核实信息属实，应及时将信息反馈办理站（客户服务中心）。办理站应记录“核实事项、单位名称、经办人、职务、联系电话、办理日期”等信息，经办理站客运主管领导、经办人签字后，联系旅客予以办理。

（4）车站办理退票、退差后，客票系统生成客运记录（退票说明），按规定上报。如未生成客运记录（退票说明）的，以列车开具的纸质客运记录或车站纸质核实记录为准，晚点信息以调度部门行车日志为准，并按规定上报。

7. 实例

【例 2-24】持“挂失补”车票乘车。

××年××月××日，××次列车××站开车，一旅客向列车长声明，持的是挂失补车票，如何办理？

记录事由：挂失补

××站（旅客下车站）：

××年××月××日，××次列车××站开车，发现旅客××，身份证号 123456789123456789，持当日××站至××站的本次列车挂失补车票，10 车 10 号下铺，票号 T123456，经确认该席位使用正常，可以办理退票，现移交你站，请按章办理。

××客运段　××次列车长印

××年××月××日

【例 2-25】持“挂失补”车票越站乘车。

××年××月××日，××次列车××站开车，一旅客向列车长声明，持的是挂失补车票，要求越站乘车，列车如何办理？

记录事由：挂失补越站乘车

××站：

××年××月××日××次列车××站开车，旅客××，身份证号 123456789123456789，持××站至××站的挂失补车票 10 车 10 号下铺，票号 T123456，自××站至××站区间席位使用正常，可办理退票；自××站至××站区间越站乘车，车票号 B032969，现移交你站，请按章办理。

××客运段　××次列车长印

××年××月××日

【例 2-26】特殊情况，旅客无法接续列车。

××年××月××日××次列车运行至××站，由于接触网故障，导致列车严重晚点，10 车 10 号下铺的旅客已购××站至××站的××次列车车票，无法接续，列车如何处理？

记录事由：移交退票旅客

××站：

××年××月××日××次列车由于接触网故障，导致列车严重晚点，正点到××站时间××月××日××点××分，现晚点××小时××分，造成旅客不能接续××次列车（开车时间××点××分），旅客要求退票，现交你站，请按章办理。

附：旅客××身份证号 123456789123456789

××站至××站　车票（本次列车）　票号 T123456

××站至××站　车票（接续列车）　票号 A005555

××客运段　××次列车长印

××年××月××日

【例 2-27】移交无票旅客。

××年××月××日，××次列车××站开车后，列车验票发现一无票人员，无力支付票款，列车如何处理？

记录事由：移交无票人员

××站：

××年××月××日，××次列车××站开车，列车验票发现一无票人员(××，身份证号123456789123456789，××市××区××社区人)，自述无力支付票款，现交你站，请按章处理。

××客运段　××次列车长印

××年××月××日

【例 2-28】旅客丢失车票补票后又找到原票。

××年××月××日，××次列车××站开车，10 车 9 号下铺旅客××站—××站的车票丢失，经确认情况属实，列车另行补票后，该旅客又找到原票，列车如何处理？

记录事由：退还后补票价

××站：

××年××月××日，××次列车××站开车，10 车 9 号下铺旅客（××，身份证号123456789123456789）××站至××站的车票丢失，经确认情况属实，列车另行补票后，该旅客又找到原票，现交你站，请按章办理。

附：原票××站—××站 10 车 9 号下铺　500.00 元　票号 T123456

列车后补车票××站—××站 10 车 9 号下铺　505.00 元　票号 A000000

××客运段　××次列车长印

××年××月××日

【例 2-29】旅客坐过了站。

××年××月××日，××次列车××站开车后验票发现 8 车 19 号旅客（持××站—××站本次列车有效车票）未下车，经查，该旅客因睡着了没听见列车报站，列车如何处理？

记录事由：移交过站旅客

××站：

××年××月××日××次列车××站开车后验票发现 8 车 19 号旅客（××，身份证号123456789123456789）持××站—××站本次列车有效车票，未下车，经查，该旅客因睡着了没听见列车报站，现交你站，请按章办理。

××客运段　××次列车长印

××年××月××日

【例 2-30】旅客发生误乘。

××年××月××日××次列车（××站—××站）××站开车后，列车验票发现一旅客持当日××次××站—××站（相反方向列车）的硬座车票，票号 Y057035，系误乘，如何处理？

记录事由：移交误乘旅客

××站：

××年××月××日××次列车××站开车后，列车验票发现一旅客（××，身份证号 123456789123456789）持当日××次××站—××站的硬座车票，票号 T123456，系误乘，现交你站，请按章办理。

××客运段　××次列车长印

××年××月××日

【例 2-31】列车发现危险品。

××年××月××日××次列车××站开车后发现 5 车与 6 车车厢连接处有一名男旅客持××站—××站的车票，票号为 A000000，携带两个黑色汽油桶，内装五升汽油，列车如何处理？

记录事由：移交危险品

××（前方停车站）站：

××年××月××日××次列车××站开车后发现 5 车与 6 车车厢连接处有一名男旅客（××，身份证号 123456789123456789）持××站—××站的车票，票号为 A000000，携带两个黑色汽油桶，内装五升汽油，列车已加倍补收四类包裹运费，现交你站，请按章处理。

附：汽油桶两个

××客运段　××次列车长印

××年××月××日

【例 2-32】旅客遗失品。

××年××月××日××次列车终到××站后，列车员在 10 车 9 号铺位下拾到黑色旅行包一个，如何处理？

记录事由：移交旅客遗失物品

××站：

××年××月××日××次列车终到××站后，在 10 车 9 号铺位下拾到黑色旅行包一个，经列车长与乘警共同清点，内有旅游鞋一双，白钢水杯一个，未开封铁观音茶叶一盒，充电宝一个，衣服 2 件，现交你站，请按章办理。

××客运段　××次列车长印

××年××月××日

任务 2.14　铁路电报

1. 定义

铁路电报是铁路部门之间处理铁路紧急公务的通信工具。

2. 种类

铁路电报按电报的性质和急缓程度分为以下六种。

(1) 特急电报（T）。

(2) 急报（J）。

(3) 限时电报（X）。

(4) 列车电报（L）。

(5) 银行汇款电报（K）。

(6) 普通电报（P）。

3. 发报权限、范围和内容限制

1) 发报权限

(1) 国铁集团、铁路局及其他部属单位。

(2) 基层单位的站、段、厂、院、校、队、所及同级单位和国铁集团、铁路局驻在单位。

(3) 出差和执行各项列车乘务工作的负责人员。

(4) 与运输有直接关系的基层单位所属部门需拍发电报时，由铁路局批准。

2) 发报范围

拍发电报只限全路有线电报通信网能够通达的范围内。

(1) 国铁集团（包括铁路局级单位）及直属单位发报范围不限。

(2) 国铁集团直属单位可发至全路各同级单位，但不得发全路各站段。

(3) 其他单位只能发至本局和外局相关单位。

(4) 基层单位不得向所属车间、工区、班组拍发电报。特殊情况需要拍发时，由铁路局批准。

(5) 发给路外单位和铁路出差、乘务人员的电报，必须指定能够代其负责收转的铁路单位，但不得指定电报所。

3) 电报内容限制

拍发电报时，电文涉及的事项必须是工作范围的内容。如遇下列情况，不准拍发电报。

(1) 处理个人私事（由组织处理的个人问题不在此限）的电报。

（2）公用乘车证丢失声明的电报。

（3）挑战书、应战书、倡议书、感谢信的电报。

（4）由于工作不协调，互相申告（执行列车乘务工作的负责人，在列车运行中向上级领导汇报列车运行发生的问题不在此限）的电报。

（5）报捷、祝贺、吊唁（铁路局及以上单位或负责人不在此限）的电报。

（6）推销产品、书刊等广告类的电报。

4）使用铁路电报注意事项

（1）拍发电报必须使用铁路电报纸。

（2）编拟电报稿应使用规定的文字、符号、记号（即汉字及标点符号，汉语拼音字母，阿拉伯数字，规定有电报符号的记号和能用标准电码本译成四码的符号和字母），收电单位明确，电文通顺，文字力求简练，标点符号完整，字体清晰，并在原稿上填写拟稿人姓名和电话号码。

（3）电报稿左上角应有收、抄报单位，右下角有发报单位本部门电报编号、日期，并应加盖公章、名章或签字。

5）什么是主送单位？

主送单位是指具体受理、承办本事件的单位。主送单位不受大小限制。如××站、××派出所、××广播工区、××段。

6）什么是抄送单位？

抄送单位是指需要其督办、协办或需要其仲裁、备案的单位，一般都是主送单位和发报人（单位）的上级机关或主管业务部门，其顺序按上下级或与该事件关系主次依次排列，发报人隶属单位排在最后，一般情况下抄送外局机关或有关业务主管部门，也应同时抄报本局的同级机关和相应的业务主管部门。如××车务段、××公安局（处）、××车辆处、××客运处、××客调、××安监室。

7）列车经常主送、抄送的单位有哪些？

（1）国铁集团：运输统筹局、财务部、安监部等。

（2）运输统筹局下设的部门：客运管理部、客调、假日办等。

（3）铁路局集团公司：客运部、车辆部、财务部、机务部、劳动和卫生部、安监室、路风办、公安局、客调、公安处等。

（4）基层站段：本次列车停车站、派出所、相关站段、卫生疾控中心、客运段等。

8）列车遇有下述情况时，列车长应拍发电报

（1）因误售、误购车票而误运行李，行李又未在本列车装运，列车通知原到站向正当到站转运时。

（2）列车超员，通知有关部门和前方停车站采取控制客流措施时。

（3）列车行包满载，通知前方有关停车营业站停止装运行包时。

（4）遇有特殊情况，列车途中发生餐料不足，通知前方有关站段补充餐料时。

（5）餐车冰箱发生故障，通知前方有关站段协助加冰时。

（6）列车在中途站因车辆发生故障甩车，通知前方各停车站并向有关上级部门汇报时。

（7）列车广播设备途中发生故障，通知前方广播工区派员前来处理时。

（8）列车运行中因发生意外伤害，造成旅客重伤或死亡时，应立即向有关铁路局、站段拍发事故速报时。

（9）列车发生或发现重大行包事故后，应立即向国铁集团和有关铁路局拍发事故速报时。

（10）站、车之间办理行李、包裹交接时，接收方未按规定签收，但双方对装卸的件数、包装等情况产生异议，向当事站拍发电报声明时。

（11）列车内发生运输收入现金、客票票据丢失、被盗和短少等事故，向铁路局收入和公安部门报案，通知有关单位协助查扣时。

（12）列车发生爆炸、火灾等突发事件或遇其他紧急情况须迅速报告上级部门处理时。

（13）发生旅客食物中毒，向所属铁路局或前方铁路局疾控所报告时。

（14）遇其他紧急情况，需要迅速报告时。

4. 铁路电报的样式

铁路电报的样式如图 2-35 所示。

中国国家铁路集团有限公司

铁路　电报　GTKY-sc10

发报所 fbj	电报号码 XO	组数 zs	等级 Dj	日期 RQ	时分 sj	附注 fz
	005		P			

图 2-35　铁路电报的样式

5. 实例

【例 2-33】列车超员。

××年××月××日，××站—××站的××次列车（非空调），列车编组 13 辆，硬座 12 辆，硬卧 1 辆，××站开车硬座车厢车内人数 2 600 人。

主送：××次列车××站—××站间沿途各停车站

抄送：沈阳铁路局客运处、客调、××客运段

××年××月××日，××站—××站的××次列车，编组 13 辆，硬座 12 辆，硬卧 1 辆。硬座车厢允许载客 2 400 人，××站开车后，硬座车厢车内人数 2 600 人，超过规定的允许载客人数。为保证旅客列车安全，请上述各站按规定停售、剪车票。

【例 2-34】石击列车。

××年××月××日，由××站开往××站的××次列车，××站开车后 10 min，5 号车厢运行方向左侧第 2 个窗户玻璃被飞石击碎，将 25 号座席旅客陈明（男，46 岁，××公司工人，持××站至××站车票，电子客票号码 B23564）头部击伤，伤口约 6 cm，旅客要求下车治疗，如何处理?

主送：××站、××站公安派出所

抄送：××铁路局客运处、车辆处、××铁路公安处治安科、××车辆段、××客运段

××年××月××日，由××站开往××站的××次列车，××站开车后 10 min，5 号车厢运行方向左侧第 2 个窗户玻璃被飞石击碎，将 25 号座席旅客陈明（男，46 岁，××公司工人，持××站至××站车票，电子客票号码 B23564）头部击伤，伤口约 6 cm，列车已进行简单救治，旅客要求下车治疗，列车已编制××号客运记录及旁证材料两份交××站，特电告知。

【例 2-35】空调车故障。

××年××月××日，××站开往××站的××次旅客列车，于××站开车后发现 9 号硬卧车空调故障不能修复，如何处理?

主送：××站至××站的××次各停车站

抄送：国铁集团财务部、运输统筹局；××铁路局客运处、车辆处、财务处；××车辆段、××客运段

××年××月××日，××站开往××站的××次旅客列车，于××站开车后发现 9 号硬卧车空调故障不能修复，××站至××站间未使用空调，已编制 28～36 号客运记录交旅客作为到站退款依据，特电告知。

【例 2-36】票据（款）丢失。

××年××月××日，由××站开往××站的××次列车，××站开车后，列车值班员发现办公席丢失一卷空白纸票（100 张），票号 A00001～A00100，如何处理？

主送：××站至××站的××次各停车站、派出所

抄送：国铁集团运输统筹局、财务部、公安局、××铁路局客运部、财务部、公安局，吉林、通化、沈阳、锦州、天津、北京铁路公安处，××乘警支队、××客运段

××年××月××日，由××站开往××站的××次列车，××站开车后，列车值班员于 17:00 同列车长验完票后回到办公席时发现抽屉被盗，丢失一卷空白纸票（100 张），票号 A000001～A000100，特电告知并请各站协助查扣。

【例 2-37】列车上水站未给补水。

××年××月××日，由××站开往××站的××次列车，在××站站停期间，无人对该次列车进行补水作业，致使列车开车后车内无水，无法满足旅客的用水需求，如何处理？

主送：××站

抄送：××局客运部、客调、××客运段

××年××月××日，由××站开往××站的××次列车，在××站站停期间，无人对我列车进行补水作业，致使列车开车后车内无水，无法满足旅客的用水需求，请见电报后提前组织人员对我列车进行补水。

模块3
行包运输

任务3.1 行包（行李、包裹）的范围

1. 行李的范围

行李是指旅客因旅行而需运送的生活上一定限度的必需品，其凭客票办理托运。行李包括以下种类。

（1）旅客自用的被褥、衣服、个人阅读的书籍及旅行必需品。

（2）残疾人用车一辆（不带汽油），与残疾旅客同步运输。

（3）凭地、市级以上文化行政部门证明和“营业演出许可证”办理托运的文艺团体演出器材。

行李中不得夹带货币、证券、珍贵文物、金银珠宝、档案材料等贵重物品和国家禁止、限制运输的物品、危险品。

行李每件的最大重量为50 kg。体积以适于装入行李车为限，但最小不得小于0.01 m^3。

2. 包裹的范围

包裹是指适合在旅客列车行李车内运输的小件货物。

1）包裹分为四类

（1）一类包裹。自发刊日起5日以内的报纸；中央、省级政府宣传用非卖品；新闻图片和中、小学生课本。

（2）二类包裹。抢险救灾物资，书刊，鲜或冻鱼介类、肉、蛋、奶类、果蔬类。

（3）三类包裹。不属于一、二、四类包裹的物品。

（4）四类包裹：

① 一级运输包装的放射性同位素、油样箱、摩托车。

② 泡沫塑料及其制品。

③ 国务院铁路主管部门指定的其他需要特殊运输条件的物品。

包裹每件体积、重量规定与行李相同。

运输超过包裹规定重量和四类包裹中第③项的物品应经调度命令或上级书面运输命令批准。

铁路运输企业可制定管内包裹运输的范围。

2）不能按包裹运输的物品

（1）尸体、尸骨、骨灰、灵柩及易于污染、损坏车辆的物品。蛇、猛兽和每头超过20 kg的活动物（警犬和运输命令指定运输的动物除外）。

（2）国务院及国务院铁路主管部门颁发的有关危险品管理规定中规定的危险品、弹药，

以及承运人不明性质的化工产品。

(3) 国家禁止运输的物品和不适于装入行李车的物品。

3) 不易判明的二类包裹品名

不易判明的二类包裹品名如表 3-1 所示。

表 3-1 不易判明的二类包裹品名

品名	可按二类包裹办理	不按二类包裹办理
鲜或冻鱼介类	螺蛳、蛤蜊、海参、包括为防腐而煮过的和加少量盐的虾蟹	咸的、卤的、干的鱼、虾、海蜇、海参
鲜或冻肉类	包括食用动物的五脏、头、蹄和未经炼制的脂油	咸的、腌的、熏的、熟的肉类
肠衣	包括为防腐加少量盐的牛、羊、猪的小肠、肠衣、胎盘	—
蔬菜类	藕、荸荠、芋头、土豆、豆芽、红薯、豆腐干、干豆腐(千张)、豆腐、姜、葱、蒜、洋葱、鲜笋	干辣椒、花椒、粉条、粉皮、海带、腌菜、干菜
瓜果类	鲜枣、荔枝、木瓜、桂圆(龙眼)、橄榄、佛手、百合、鲜菱、甘蔗	干果、蜜饯,如松子、核桃、椰子、白果、瓜子、花生、栗子、果脯等
乳类	鲜或冻的牛、马、羊乳,酸牛乳,奶酪	炼乳、奶粉、奶油、黄油
蛋类	家禽、野禽的鲜蛋	咸、熟蛋,松花蛋(变蛋),糟蛋

任务 3.2 行包运输组织与要求

1. 行包运输组织原则

行包运输组织工作应根据流量、流向,本着先行李、后包裹,先中转、后始发和长短途列车分工的原则,有计划地组织运输,经济合理地使用运输能力。

行李应随旅客所乘列车装运或提前装运,做到人到行李到。

车站对急救药品、抢险救灾物资和零星急需支农物资应优先承运。

包裹应以直达列车优先装运,原则上不增加中转次数。

装运整车包裹时,只限一个到站,但准许部分中转(北京站除外)。中转包裹的到站,仅限在该站有始发管内列车的停车站,其数量不得超过整车件数的30%。

鲜活包裹不办理跨局中转,管内运输时各铁路局自定。

承运退伍老兵行李的车站,应优先装运其行李,并及时中转,做到人到行李到。行李到达后,及时通知托运人领取,免收保管费。

2. 行包运输要求

1) 车站行李员

车站行李员应掌握各次列车行李车的编挂位置、车型、容积、载重和本站计划装运的件数，按票顺（序）、站顺（序）备好货场，把好承运、装卸、中转、交接、保管、交付等运输环节。

承运大批行包时，应事先告知客调（客运调度员）预留行李车容积或组织整车运输。

装卸车时，行李装卸人员要密切配合，先卸后装，按站顺唱到站。行李员必须亲自监卸、监装，办理交接手续时，应加盖规定印章。

车站不得以任何借口擅自退货或到站不卸车。

到达的行包要妥善保管，及时通知，准确验货，核对票据。

2）列车行李员

直通快车行李员要及时向前方站预报卸车件数。必须做到每站预报。

指定货位装车。途中大站卸货量过大时，有计划地指定装车站将去该站的行包装在终到货位，做好到站的卸车准备，不准拒装。大站双门作业。正确统计行包装载数量、重量，填写列车行包密度表。充分利用运输能力，组织快卸、快装，维护列车正点运行。

任务 3.3　行包的托运和承运

1. 行李托运的有关规定

旅客凭有效客票，在乘车区间内可以将行李从任一营业站托运至另一营业站。

每张客票可托运行李一次，残疾人车不限次数。

持用铁路乘车证不能免费托运行李，应与持客票旅客同样办理托运手续。

2. 包裹托运的有关规定

一个城市有两个以上车站时，包裹的到站必须是装运该包裹列车的终到或经过的停车站。

托运下列包裹时，托运人须提交相关部门签发的运输证明。

（1）金银珠宝、珍贵文物、货币、证券、枪支。

（2）警犬和国家法律保护的动物。

（3）省级以上政府宣传用非卖品。

（4）国家有关部门规定的免检物品。

（5）国家限制运输的物品。

（6）承运人认为应提供证明的其他物品。

托运动、植物时应有动、植物检疫部门的检疫证明。

托运放射物品、油样箱时，应按照国务院铁路主管部门的规定提交剂量证明书、油样箱使用证。

旅客或托运人托运行包时，应提供便于检查的条件。

包裹托运后，托运人应立即通知收货人按时领取。

3. 行李、包裹承运的有关规定

承运是行包运输的开始，也是铁路承担运输责任的起点，车站必须做好承运工作。为安全、迅速、准确地运输行包，对承运的行李应随旅客所乘列车或提前装运，如承运大批行包时，应事先向客调汇报，预留行李车容积或组织整车运输。节假日、学生、新老兵运输及地区性大型会议等，车站可派人上门办理承运，也可设专口办理团体行包。

承运行李时，应在客票背面加盖“行”字戳记。

车站承运行包时，必须进行检查，确认内容相符，符合营业办理限制和运输条件，防止夹带危险品、禁运品，正确检斤。对单件保价千元以上的物品必须施封，施封用品费用由保价安全费列支。

行李票、包裹票必须逐项填写，使用规范文字，加盖规定印章。需特殊记载的内容要在记事栏内填写清楚。

（1）旅客托运行李指定径路时，注明“旅客指定××线”。

（2）承运加冰、加水的物品或喂养饲料时，分别注明“加冰”“加水”“附饲料”字样，作为到站产生减量或重量消失的依据。

（3）承运需提交运输证明文件的物品时，应注明“附××（机关）×月×日发××号文件”。

（4）承运自行车、助力机动车、摩托车时，应注明车牌名、车牌号、车型、新或旧等情况。

（5）承运经国铁集团令或客调批准的超重、超大物品时，在包裹票记事栏内填记“×月×日经国铁集团令××号（客调××号命令）批准”。

（6）承运的包裹有人押运时，在包裹票上注明“自押”字样，并注明“押运人×××”。

（7）承运凭书面证明免费托运的铁路砝码和衡器配件时，应在包裹票记事栏内注明“衡器检修，免费”字样，收回书面证明报铁路局。

（8）承运中国铁路文工团开具的证明办理免费运送的演出服装、道具、布景时，在包裹票记事栏内注明“免费”字样，同时将证明文件收回，随同包裹票报告页一并报送铁路局。

4. 行李、包裹的运到期限

行李、包裹的运到期限以运价里程计算。从承运日起，行李 600 km 以内为三日，超过 600 km 时，每增加 600 km 增加一日，不足 600 km 也按一日计算。包裹 400 km 以内为三日，超过 400 km 时，每增加 400 km 增加一日，不足 400 km 也按一日计算。快运包裹按承诺的运到期限计算。

速算法：

行李的运到期限：运输里程被600除，商整数后没余数商加2，有余数商加3。

如计算1 800 km及1 870 km的运到期限：

1 800 km除以600后商为3，没余数，即3+2=5，运到期限为5日。

1 870 km除以600后商为3，余70 km，即3+3=6，运到期限为6日。

普通包裹的运到期限：运输里程被400除，商整数后没余数商加2，有余数商加3。

如计算2 000～2 050 km的运到期限：

2 000 km除以400后商为5，没余数，即5+2=7，运到期限为7日。

2 050 km除以400后商为5，余50 km，即5+3=8，运到期限为8日。

由于不可抗力等非承运人责任发生的停留时间应加算在行李、包裹的运到期限内，由停留的车站或列车行李员在行包票的背面注明“因××停留××天”，加盖规定名章或站名戳。

5. 行李、包裹保价运输的有关规定

行李、包裹运输分为保价运输和不保价运输两种，旅客和托运人可选择其中一种运输方式，并在托运单上注明。

保价运输时，应声明价格，可分件声明价格，也可按一批全部件数声明总价格。按一批办理时，不得只保价其中的一部分。

车站承运保价运输的行李、包裹时，应检查声明价格，并核实是否与实际价格相符。如拒绝检查时，承运人可以拒绝按保价运输承运。

按保价运输的行李、包裹，发生变更运输时，保价费不补不退。但因承运人责任造成取消托运时，保价费全部退还。

6. 行李、包裹运输包装的有关规定

（1）行李、包裹运输包装应保证内装物品的安全、完整，便于装卸、堆码、点件、保管，适合运输。根据其性质和需要选用抗振、抗压、防潮、防盗、防腐蚀、防泄漏等的包装，使行包能抵抗各种运输环节的影响，完好地运至目的地。

（2）每个包装件应完整、牢固、捆绑结实，外部不能附带其他物品，两件以上包装件不能捆绑在一起作为一件运输。

（3）行包运输包装的包装材料、辅助材料和容器应符合国家有关标准及《铁路行李、包裹运输包装技术条件》（TB/T 2336—2007）的规定，不同品类的物品采用的包装类型、加固方法不得低于TB/T 2336—2007的要求。

（4）旅行箱、包、袋应加装能承受拉力的锁；多拉链或无锁的箱、包、袋，零散物品及外包装破损后缝合的物品都应另加外包装或装入行包专用袋内，捆扎牢固。

（5）行包运输包装应保证内装物不晃动、不移动。

(6) 使用旧包装时，应将原有标记清除干净。

(7) 放射性物品的运输应符合《放射性物品安全运输规程》(GB 11806—2019) 的规定，包装应经铁路防疫部门检验，符合卫生安全要求。

(8) 行包运输包装根据内装物品性质标打相应运输标志。

(9) 运输时有特殊要求的，其包装应满足相应的技术要求。

7. 行李、包裹标签的有关规定

行李、包裹每件的两端应各拴挂一个铁路货签。货签上的行李、包裹票号栏必须打印号码，不准用笔填写，也不准写代号。其他各栏逐项填写，字迹应清楚。

托运易碎品、流质物品或一级运输包装的放射性同位素时，应在包装表面明显处贴上“小心轻放”“向上”“一级放射性物品”等相应的安全标志。

任务 3.4 行包的转运及包裹的押运

1. 行李、包裹的转运

(1) 行李逾期到达或逾期尚未到达，旅客需继续旅行，凭新购客票及原行李票要求铁路免费转运至新到站时，车站开具新行李票，新行李票运费栏划斜线抹消，记事栏填写“逾期到达、免费转运”字样。

(2) 行李未到，当时又未超过运到期限，旅客需继续旅行并凭新购车票办理转运新到站的手续，交付运费之后，发现行李逾期到达原到站，车站应编制客运记录，随同运输报单一并送交新到站，作为退还已收转运区间运费的凭证，保价费不退。

(3) 逾期行李办理免费转运的，不再支付违约金。逾期包裹不办免费转运，只支付违约金。

2. 包裹的押运

通过旅客列车行李车运输的下列包裹必须派人押运，全程自行看管。

(1) 金银珠宝、货币证券、文物、枪支。

(2) 军犬、警犬、有调度命令指定运输能够对人造成攻击和伤害的活动物、超过 20 kg 的活动物（包括马戏团表演用活动物）。

(3) 其他托运人提出要求全程自行看管的押运包裹（需途中喂养的家禽、家畜除外）。

通过旅客列车行李车运输的包裹、鱼苗、蚕种和中途需饲养的家禽、家畜等由托运人自行押运，但不需全程自行看管，在运输途中实行巡视看管（喂养）制度（残疾人车除外）。

运输距离在 200 km 以内不需饲养的家禽、家畜或运输距离在 200 km 以上中途不需饲养的动物，托运人提出不派人押运时，也可以办理托运，但托运人须在托运单和包裹票记事栏内注明“不派人押运，如途中逃逸、死亡，责任由托运人自负”。

押运包裹必须在车站行包房指定窗口办理。办理押运证前，窗口受理人员应根据押运包裹的件数、品名等实际情况，与押运人商定运输途中巡视看管计划，并填写《运输途中巡视看管时间表》。押运证右上角标注全程或巡视看管。

按行李办理的残疾人车（轮椅），托运人提出随车押运申请时，可比照包裹办理押运手续。残疾人车（轮椅）的押运人应为残疾人旅客的同行人，残疾人旅客应在所购车票席位上乘车。行包房受理后，应将旅客姓名、所乘车次、席位号等信息通知车站客运部门，由其按有关规定做好重点旅客服务工作。

装车时，送车行李员负责把《运输途中巡视看管时间表》交列车行李员。

列车运行中，列车行李员须指定押运人的押运位置。

押运人进入行李车货仓进行巡视看管（喂养）时，列车行李员应为押运人巡视看管（喂养）工作提供方便并全程陪同。

列车在中途站进行装卸作业时，押运人应暂停喂养和巡视，及时离开行李车货仓，待装卸作业完毕后再行押运。

押运人在列车运行途中可凭有效客票、押运证及有效证件在所乘坐车厢与行李车间往返通行。

押运人在下车前，列车行李员应指导押运人在《押运行包巡视看管时间表》指定位置签字确认。列车行李员将《押运行包巡视看管时间表》收回、留存装订，退乘时交乘务科，保管期限不少于 90 天。

任务 3.5 行包的装卸、交接及中转

1. 行包的装卸

行包装卸作业是指通过行包机具和人力，对行包进行搬运、装卸作业，实现行包运输过程中行包的位移。

行包装卸作业应在列车停稳后开始，在开车前规定的时间内结束，严禁抢装、抢卸、抓车、跳车及随车奔跑。

装车作业时，必须按计划装车，装卸人员要配合行李员车门唱数装卸。装车要严格执行“四检查”（件数、到站、包装、超重命令）、“三不”（大不压小，重不压轻，方不压圆）、“二朝向”（箭头向上，标签向外）、“一隔离”（易碎、易污染、鲜活及放射性物品分别隔离）制度。

2. 行李、包裹的交接

严格执行交接制度。车站在装车前，列车在卸车前，必须先核对所装卸行包的到站、票号、件数，确认票货相符。交接时，凭填写完整的行包装卸交接证，办理交接手续并加盖规定名章，严禁信用交接。发现件数不符，行包破损或有其他异状时，经确认后应在交接证上

注明现状，由交出行李员加盖规定名章。车站交接班时，凭交接簿进行票货核对，严格执行货动有交接，交接有手续的制度。

对运输时限要求较高的行李、包裹、金银珠宝、货币证券、珍贵文物、活动物，以及押运包裹等重点货物必须单独制订行李、包裹装卸交接证，车站行李员与列车行李员必须单独交接，加盖规定印章，严禁信用交接。

3. 行李、包裹的中转

中转作业是指行李、包裹在中转站卸下并转入中转库房，经中转站进行票货核对并制定装车计划后，装入其他旅客列车行李车继续运送至到站的作业。作业内容前半部分与到达行包的卸车作业相似，后半部分与始发行包的装车作业相似。行李、包裹中转组织原则如下。

（1）优先选择中转次数少、有始发列车的车站进行中转。

（2）中转次数相同时，应优先选择在有始发列车接运、能力充裕的车站进行中转。如途中有几个站都有始发列车接运，原则上应在最后一个中转站中转，但其他站应适量分担。没有始发列车接运时，选择在最后一个中转站中转。

（3）因列车停站时间短、密集到达或行李车运能严重不足等原因，可在本局管内迂回中转，迂回方案由铁路局与中铁快运公司商定。

（4）遇行包运输高峰或行李车运能不足时，可利用行邮专列或公路运输将行包运至终到站或中转站。

任务 3.6　行包的保管、通知及交付

1. 行包到达保管、通知

行包到达后，应核对票据，妥善保管，及时通知，准确验货，正确交付，按规定期限保管。

行李从运到日起，包裹从发出通知日起免费保管 3 天。逾期到达的行李、包裹免费保管 10 天。因事故或不可抗力等原因而延长车票有效期的行李，按车票延长日数增加免费保管日数。超过免费保管期限时，按日核收保管费。

行李、包裹到达到站后，在规定的免费保管期限内应在票面指定的到站行李房保管，不得异地保管。超过免费保管期限，行李房仓库没有能力时，包裹可以易地保管，易地保管产生的费用由铁路负责。

包裹到达后，车站应根据包裹性质，采取多种方法通知收货人提取，通知时间最迟不得超过次日 12 点。

车站保管行包时，必须指定专人负责，根据仓库条件，分货位，整齐堆放并做好防火、防爆、防湿、防盗工作。列车装载、堆放一级包装的放射性包裹应准备专门的存放地点，与食品及活动物包裹不少于0.5 m，与感光器材和人应保持不少于2 m的距离。

因事故或不可抗力等原因而延长车票有效期的行李，应按车票延期的日数延长行李免费保管的日数。超过免费保管日数，按规定核收保管费，出具保管费收据或填发客运运价杂费收据。遇特殊情况，车站站长有权减收保管费。

行李、包裹逾期未到，收货人前来领取时，车站应向有关站进行查询并在托运人的行包票背面加盖“行李、包裹逾期未到”戳记。

2. 交付

交付工作是铁路行包运输全过程的结束。交付后铁路与旅客、托运人双方不再承担义务和责任。交付必须按下列规定办理。

行包交付要做到“四核对”即：核对发到站、发收货人、票号、件数，并负责搬运到规定地点交付。“两不准”即：禁止旅客或货主到仓库自找货物；禁止旅客或货主到仓库自拿货物。

对丢失行李、包裹票的收货人，应要求其提出身份证和担保人的书面担保及物品所有权的证明。车站应慎重审查担保人的担保资格。收货人提不出担保人时，可以出具押金自行担保。押金数额应与行李、包裹的价值相当，抵押时间由车站与收货人协商确定。车站收取押金时应向收货人出具书面证明，书面证明的式样由车站自定。

行李包裹的领取分为原件（即领货凭证的丙联）和包裹票的传真件、印鉴领取等方式。关于凭传真件领取包裹有以下补充规定。

（1）凡要求使用包裹票传真件提取包裹的发货人，应向发站提出申请。发货人为个人的，应在托运单上注明，由车站确认后受理；发货人为单位的，必须与车站签订协议。

（2）发站在办理承运时，必须在包裹票记事栏各联中注明“凭传真件提货”字样，凡计算机打印的包裹票，该字样也必须由计算机打印。

（3）到站在办理交付时，应首先确认包裹票上有“凭传真件提货”字样，对于收货人为个人的，凭传真件、收货人身份证、身份证复印件领取；对于收货人为单位的，凭收货单位介绍信、提货人身份证、身份证复印件领取。传真件、介绍信、身份证复印件留存。

除领取人身份证外 ，还可以使用下列有效证件：户口簿、军人身份证件、武装警察身份证件、港澳居民来往内地通行证、护照、驾驶证等。

收货人要求凭印签领取时，应与车站签订协议并将印签式样在车站备案。协议签订后收货人不得再凭领取凭证领取包裹。车站应建立凭印签领取包裹的登记簿。交付时收货人应在登记簿上签字或盖章。

旅客或收货人领取行李、包裹时，如发现有短少或异状应及时提出。车站对收货人提出异议的行李或包裹必须认真检查。必要时可会同公安人员开包检查。若构成事故时，车站应编制事故记录交收货人作为要求赔偿的依据。

行李、包裹交付后，旅客或收货人再次要求查询时，应核收查询费。

3. 无法交付行包及无主行包

1）无法交付行包的范围

（1）行包运输过程中，货签脱落，且无法判明所有权人的行包。

（2）超过行包保管期限无人领取的行包。

（3）收货人拒收且发货人又声明不要的行包。

（4）事故赔偿后残存物品。

2）无主行包的范围

无主行包是指在行李、包裹运输过程中因货签脱落，造成无法确认发、到站，收、发货人，经开箱查验仍无法确认收、发货人的物品。

3）无法交付行包及无主行包的管理

车站应建立“无法交付物品登记簿”，按无法交付物品的开始日期、来源、品名、件数、重量、规格、特征进行登记，认真管理。

保管期间发生丢失、损坏由保管人员负责，在回送过程中丢失、损坏时比照行李、包裹事故处理。

4）无法交付行包及无主行包的处理

行李从运到日起，包裹从发出到达通知日起，遗失物品、暂存物品从收到日起，承运人对 90 天以内仍无人领取的物品应在车站进行通告，通告 90 天以后仍无人领取时，应报上一级主管部门批准后予以变卖。

军用物品、危险品、国家禁止或限制运输的物品，机要文件和证件，以及国家法令规定不能买卖的物品，应及时交有关部门处理。

无法交付的物品，除移交公安机关处理外，其他物品均应作价变卖。

对变卖所得款项，扣除所发生的保管费、变卖手续费等费用的剩余款额，旅客、托运人、收货人在 180 天以内来领取时，承运人凭旅客、托运人、收货人出具的物品所有权的书面证明办理退款手续。不来领取时，上缴国库。

任务 3.7 铁路行包运价

行包运输的核心产品是位移，运输的成本是随着距离的变化递远递减的，因而运价因运输距离的不同而有差别，如短途和长途每个里程段的运价各有不同。

1. 行李、包裹运价里程

（1）计算运价所应用的里程，称为运价里程。运价里程分为客运运价里程和货运运价里程。客运运价里程是计算铁路客运运价时运用的里程。全路各条线路的客运运价里程都列在《铁路客运运价里程表》内，它是计算客运运价的依据。

（2）行李运价里程，按行李实际运送的径路计算，即按旅客旅行的客票里程计算，但旅客持远径路的客票要求行李由近径路运送时，如有直达列车可按近径路计算。指定径路时按指定径路里程计算。行李的起码运价里程为 20 km。

（3）包裹运价里程按最短径路计算，有指定径路时，按指定径路计算。押运包裹的运价里程按实际径路计算。包裹的起码运价里程为 100 km。

有直达列车的（指挂有行李车，下同）按直达列车径路计算，有多条直达列车径路的，按其中最短径路计算。没有直达列车的，按中转次数最少的列车径路计算，中转次数相同的，按最短列车径路计算。

（4）一段行李、一段包裹时，超过车票终到站以远的行李有票区段按行李确定运价里程，无票区段按包裹确定运价里程。

（5）线路中断，铁路组织绕道运输时，已承运的行李、包裹运至到站时，运到期限按照新径路运价里程重新计算，运费不补不退。如果托运人要求变更时按照变更后实际径路确定运价里程。

2. 行李、包裹的运价率

（1）行李运价率为硬座客票票价率的 1%，即 100 kg · km 的行李运价率等于 1 人 · km 的硬座客票基本票价率。

（2）包裹运价率是以三类包裹运价率为基数，其他各类包裹运价率按三类包裹的运价率加成或减成的比例确定。其中，一类是三类的 20%，二类是三类的 70%，四类是三类的 130%。

3. 行李、包裹运价计算

行李、包裹运价是根据规定的运价区段，以每千克每千米的运价率乘以通过递远递减后而确定的计价里程，再乘以 5 kg，即得 5 kg 为单位的运价基数。其他重量的运价，则以 5 kg 的运价基数推算。

4. 核收行李、包裹运费规定

（1）行李、包裹的运费，根据《行李包裹运价表》按每张票据计算。每张票据行李、包裹的起码运费为 1 元。

（2）旅客可凭客票办理一次行李托运。托运的行李在 50 kg 以内，按行李运价计算，超过 50 kg 时（行李中有残疾人用车时为 75 kg），对超过部分按行李运价加倍计算。

（3）运价不同的物品混装为一件时，按其中运价高的计算。

5. 行李、包裹计费重量

行李、包裹均按物品重量计算运价，但有规定计价重量的物品按规定重量计价。行李、包裹运价的计价重量以 kg 为单位，不足 1 kg 按 1 kg 计算。

6. 行李、包裹保价费

按保价运输的行李、包裹核收保价费。行李保价费按声明价格的 0.5%、包裹保价费按声明价格的 1%计算。一段行李、一段包裹时，全程按行李核收保价费。

7. 行李、包裹杂费

（1）客运杂费是指在铁路运输过程中，除去旅客车票票价、行李包裹运价以外，铁路运输企业向旅客、托运人、收货人提供的辅助作业、劳务及物耗等所收的费用。车站在核收或补收未固定票据的票价、运费和杂费时，填写客运运价杂费收据。

（2）客运杂费的收费项目和收费标准由国务院铁路主管部门制定。

国铁和与国铁办理直通运输的合资、地方铁路行李、包裹装卸费，由发站在制行李、包裹票时一并核收到站装卸费，并在行李、包裹票记事栏注明到站装卸费和金额。

（3）迟交票款、运费、杂费时从应收该项费用之次日起至付款日止，每迟交一日，按迟交总额的 1%核收运输费用迟交金。

（4）包裹到达通知费，以市内电话以外的方式通知时，产生的信函、电话、电报等费用，由到站以实际发生的款额向收货人收取。

（5）行李、包裹实际运到日数超过规定的运到期限时，铁路运输企业应按所收运费的百分比，向收货人支付运到逾期的违约金，但最多不超过运费的 30%。

一批行李、包裹部分逾期时，按逾期部分的运费比例支付运到逾期的违约金。

【例 3-1】 2021 年 8 月 10 日，残疾旅客李林持衡水—南京 K1011 次（经由商丘、潢川、合肥）列车当日普快通票一张，客票号 A011298，托运 2 件行李，编织袋包装，重 75 kg，各保价 500 元；残疾人车 1 辆，重 45 kg，保价 500 元，到合肥站。12 日上午该旅客在合肥站又凭原客票托运同样重量的行李和残疾人车到南京站。衡水、合肥站应如何办理？

【解】

1）处理方法

（1）旅客可凭客票办理一次行李托运，托运的行李在 50 kg 以内，按行李运价计算，超过 50 kg 时（行李中有残疾人用车时为 75 kg），对超过部分按行李运价加倍计算。

（2）旅客在乘车区间内凭有效客票可托运一次行李，残疾人车不限次数。

（3）按行李托运的残疾人车计价重量为 25 kg。

2）计算过程

（1）衡水站计算运杂费。

① 运价里程：衡水 —697 km→ 潢川 —240 km→ 合肥

合计：937 km　运到期限 4 日

② 计价重量：75+25＝100（kg）

③ 行李运费：75 kg 行李运价：0.472×75＝35.40（元）

25 kg 行李运价加倍：0.472×25×2＝23.60（元）

行李运费合计：35.40+23.60＝59.00（元）

注：0.472 为查《行李包裹运价表》所得，下同。

④ 货签费：3×0.50＝1.50（元）

⑤ 装卸费：3×2.00×2.00＝12.00（元）

⑥ 保价费：（500+500+500）×0.5%＝7.50（元）

⑦ 应收运费合计：59.00+1.50+12.00+7.50＝80.00（元）

如提供搬运服务，另核收搬运费 2.00 元。

⑧ 填制行李票。行李票（号码 A000001）如图 3-1 所示。

A000001　　北京铁路局　　乙

行　李　票　　（运输报单）

2021 年 8 月 10 日

到 合肥 站　　经由 商丘、潢川 站

旅客乘坐 8 月 10 日　K1011　次车　客票号 A011298

旅客姓名	李林　共 1 人				电　话：××××		
地　址	××××				邮政编码：××××		
顺号	包装种类	件数	实际重量	声明价格	运价里程		937 千米
					运到期限		4 日
1	编织袋	2	75	1000	计费重量	规重	75 千克
2	残疾人车	1	45	500		超重	25
					运费		59.00 元
					保价费		7.50 元
					杂费计		13.50 元
					合计		80.00 元
					月　日　次列车到达		
合　计		3	120	1500	月　日　交　付		
记事	杂项：装车费 6.00 元，卸车费 6.00 元，货签费 1.50 元。 衡水 站行李员 ×× 印						

图 3-1　行李票（号码 A000001）

（2）合肥站计算运杂费。

① 行李运费：

- 运价里程：合肥—南京 266 km，运到期限 3 日
- 25 kg 行李运费：0. 154×25＝3. 90（元）
- 货签费：1 件 0. 50 元
- 装卸费：1 件 4. 00 元
- 保价费：500×0. 5%＝2. 50（元）
- 应收运费合计：3. 90+0. 50+4. 00+2. 50＝10. 90（元）
  如提供搬运服务，另核收搬运费 1. 00 元。
- 填制行李票。行李票（号码 A000002）如图 3-2 所示。

A000002　　上 海 铁 路 局　　乙

行　李　票　　（运输报单）

2021 年 8 月 12 日

到 南京 站　　经由＿＿＿＿站

旅客乘坐 8 月 12 日　K1023　次车　　客票号 A011298

<table>
<tr><td>旅客姓名</td><td colspan="6">李林　共 1　人　　　电　话：××××</td></tr>
<tr><td>地　址</td><td colspan="6">××××　　　邮政编码：××××</td></tr>
<tr><td>顺号</td><td>包装种类</td><td>件数</td><td>实际重量</td><td>声明价格</td><td colspan="2">运价里程 266 千米
运到期限 3 日</td></tr>
<tr><td>1</td><td>残疾人车</td><td>1</td><td>45</td><td>500</td><td>计费重量 规重</td><td>25 千克</td></tr>
<tr><td></td><td></td><td></td><td></td><td></td><td>计费重量 超重</td><td></td></tr>
<tr><td></td><td></td><td></td><td></td><td></td><td>运　费</td><td>3.90　元</td></tr>
<tr><td></td><td></td><td></td><td></td><td></td><td>保价费</td><td>2.50　元</td></tr>
<tr><td></td><td></td><td></td><td></td><td></td><td>杂费计</td><td>4.50　元</td></tr>
<tr><td></td><td></td><td></td><td></td><td></td><td>合 计</td><td>10.90　元</td></tr>
<tr><td></td><td></td><td></td><td></td><td></td><td colspan="2">月 日　次列车到达</td></tr>
<tr><td colspan="2">合　计</td><td>1</td><td>45</td><td>500</td><td colspan="2">月 日　交　付</td></tr>
<tr><td>记事</td><td colspan="6">杂项：装车费 2.00 元，卸车费 2.00 元，货签费 0.50 元
合肥　站行李员 ××　㊞</td></tr>
</table>

图 3-2　行李票（号码 A000002）

② 包裹运费：

因只能办理一次行李托运，所以合肥到南京的行程中，只能按包裹办理托运。

- 运价里程：合肥—南京 266 km，运到期限 3 日
- 75 kg 三类包裹运费：0.399×75＝29.90（元）
- 货签费：2×0.50＝1.00（元）
- 装卸费：2×2.00×2.00＝8.00（元）
- 保价费：（500+500）×1%＝10.00（元）
- 应收运费合计：29.90+1.00+8.00+10.00＝48.90（元）

  如提供搬运服务，另核收搬运费 2.00 元。
- 填制包裹票。包裹票（号码 B000001）如图 3-3 所示。

B000001　　上海铁路局　　乙

包　裹　票　　（运输报单）

2021 年 8 月 12 日

到 南京 站　　经由＿＿站

托运人	单位姓名：李林	电　话：××××
	详细地址：××××	邮政编码：××××
收货人	单位姓名：李林	电　话：××××
	详细地址：××××	邮政编码：××××

顺号	品　名	包装种类	件数	实际重量	声明价格	运价里程	266 千米
						运到期限	3　日
1	行李	编织袋	2	75	1000	计费重量	75　千克
						运费	29.90　元
						保价费	10.00　元
						杂费计	9.00　元
						合计	48.90　元
						月　日次列车到达	
						月　日通　知	
合　计			2	75	1000	月　日交　付	

记事	杂项：装车费 4.00 元，卸车费 4.00 元，货签费 1.00 元 合肥站行李员 ×× ㊞

图 3-3　包裹票（号码 B000001）

任务 3.8 行包变更运输

（1）行李、包裹托运后至装车前，托运人要求取消托运时，车站应收回行李、包裹票，进行注销，注明“取消托运”字样。办理时，另以车站退款证明书办理退款，收回的行李、包裹票报销联随车站退款证明书上报。因取消托运发生的各项杂费另填发客运运价杂费收据核收，并将客运运价杂费收据号码及核收的费用名称、金额填注在取消托运的行李、包裹票上。

取消托运的行李、包裹，已收运费低于变更手续和保管费时，运费不退也不再补收，收回原行李、包裹票，在报单页、旅客页和报销页注明“取消托运，运费不退”字样。旅客页贴在存根页上。

（2）行李、包裹装运后，收货人要求变更运输时，只能在发站、行李和包裹所在中转站、装运列车和中止旅行站提出。

托运人在发站取消托运时，发站对要求运回发站的行李、包裹，应收回行李、包裹票，编制客运记录，写明原票内容，交托运人作为领取行李、包裹的凭证，并发电报通知有关站、车。

托运人在发站要求变更行李、包裹的到站时，车站在行李票、包裹票旅客页和报销页上注明“变更到××站”，更正到站站名及收货人单位、姓名，加盖站名戳，注明日期，交给托运人，作为在新到站领取行李、包裹和办理变更运输后产生运费差额的凭证，同时发电报通知有关车站和列车。

（3）旅客在发站或中途站停止旅行，要求将行李运至原到站时，凭原行李票运送，旅客凭原行李票在到站提取行李。

（4）在中途站、原票到站或列车内处理误购、误售车票时，如果旅客还托运了行李，应同时编制客运记录或发电报通知行李所在站，将误办的行李运至正当到站。到站需要补收行李运费差额时，使用客运运价杂费收据核收，并在原行李票运输报单页、报销页和旅客页记事栏注明“误运”，报单页加盖“交付讫”戳交旅客报销，要退款时，使用“退款证明书”退还，原行李票收回附在“退款证明书”的背面上报。

（5）发站或新到站收到行李、包裹后，补收或退还已收运费与应收运费差额，核收变更手续费和保管费（保管费指行李、包裹运至发站、新到站超过 3 天，折返站 1 天或原到站自行李、包裹到达日起至收到电报日止产生的保管费，保管日数分别计算）。补收时以“客杂”

核收，退还时使用“退款证明书”退款，原票贴在客运运价杂费收据或“退款证明书”报告页上报。

【例 3-2】2021 年 9 月 15 日，杭州东桥药店由杭州站发往郑州站一票包裹（票号 P023151）含 3 件医疗器械（重 120 kg）；4 件药品（重 80 kg），共保价 2 100 元。次日托运人在杭州站要求取消托运，经查明该货物未装上车，杭州站如何处理？

【解】

1）处理方法

（1）行李托运后至装车前，托运人要求取消托运时，杭州站应收回包裹票注销，注明“取消托运”字样，已收运费全部退还，办理时，另以车站退款证明书办理退款，收回的包裹票报销联随车站退款证明书报告页上报。已产生的保价费、货签费、已服务的搬运费不退，另以客运运价杂费收据核收。核收变更手续费和保管费，将客运运价杂费收据号码及核收费用名称、金额填注在取消托运的包裹票上。

（2）保价的行李发生运输变更时，保价费不补不退。

2）计算过程

（1）运价里程：杭州—郑州（经宣城、水家湖、阜阳）

合计：1 047 km

（2）计价重量：80+120=200（kg）

（3）200 kg 三类包裹运费：200×1. 347=269. 40（元）

（4）保价费：2 100×1%=21. 00（元）

（5）装卸费：7 件　7×2. 00×2. 00=28. 00（元）

（6）货签费：7 件　7×0. 50=3. 50（元）

（7）合计：269. 40+21. 00+28. 00+3. 50=321. 90（元）

（8）已收运费 321. 90 元全部退还，填写“退款证明书”。车站退款证明书（001 号）见图 3-4。

另货签费 3. 50 元，保价费 21. 00 元以客运运价杂费收据转收。

（9）杭州站填写客运运价杂费收据。记事栏注明：装车前托运人要求取消托运，退还全部运费。杭州站保管 2 天。客运运价杂费收据（例 3-2）如图 3-5 所示。

中国国家铁路集团有限公司　　　　　　　　　　财收-16

中国铁路上海局集团有限公司

车站退款证明书

填发日期 2021 年 9 月 16 日　　　　　　编号 001

票据种类	票据号码	填发日期	发站	到站	车种车号	单位	名称及地址	××××××	
包裹票	P023151	9.15	杭州	郑州			开户银行及账号	××××××	
原记载	品名	实重	计重	运价号	运价率	货物运费			
	药品	200	200		三类	321.90			
订正									
应退						321.90			
原记载									合计
订正									
应退									321.90
记事：装车前托运人要求取消托运，退还全部运费。				退款金额（大写）		/ 万 / 仟 /叁佰 贰拾 壹元 玖角 零分			
				随原票据联报告分公司					
				杭州站		经办人××			

填发站（公章）杭州站公章　　填发人 ××　　付款人××

图 3-4　车站退款证明书（001号）

上 海 铁 路 局　　　　甲

客运运价杂费收据

2021 年 9 月 16 日　　　　（存根）

<table>
<tr><td rowspan="4">原
票
据</td><td>种别</td><td>日期</td><td>9.15</td><td colspan="4">月　日　时　到达、通知、变更</td></tr>
<tr><td rowspan="3">包裹票</td><td>号码</td><td>P023151</td><td colspan="4">月　日　时　交付</td></tr>
<tr><td>发站</td><td>杭州</td><td colspan="4" rowspan="2">核收保管费　2　日</td></tr>
<tr><td>到站</td><td>郑州</td></tr>
<tr><td colspan="4" rowspan="2">核 收 区 间</td><td colspan="3">核 收 费 用</td><td rowspan="2">款额</td></tr>
<tr><td>种别</td><td>件数</td><td>重量</td></tr>
<tr><td colspan="4" rowspan="5">自___/___站
至___/___站
经 由(　/　)
座别_/_人数_/_</td><td>保价费</td><td>7</td><td>200</td><td>21.00</td></tr>
<tr><td>货签费</td><td>7</td><td>200</td><td>3.50</td></tr>
<tr><td>保管费</td><td>7</td><td>200</td><td>42.00</td></tr>
<tr><td>变更手续费</td><td></td><td></td><td>5.00</td></tr>
<tr><td colspan="3">合　计</td><td>71.50</td></tr>
<tr><td>记
事</td><td colspan="7">装车前托运人要求取消托运。杭州站保管 2 天。</td></tr>
<tr><td colspan="8">杭州站经办人 ×× 印</td></tr>
</table>

图 3-5　客运运价杂费收据（例 3-2）

【例 3-3】2021 年 9 月 15 日，货主王明在景德镇站托运一批 3 件瓷器到太原站，票号 A023345，重 43 kg，保价 3 000 元。该包裹装当日 T124 次列车，次日上午货主要求将该批包裹返回发站取消托运，包裹 9 月 17 日由平原站返回景德镇站。当日通知货主 20 日领取，站、车如何处理？

【解】

（1）景德镇站受理旅客要求后，收回包裹票，编制客运记录，写明原票内容交托运人，作为领取包裹的凭证，并发电报通知 T124 次列车和太原站。客运记录（006 号）见图 3-6，铁路电报（005 号）见图 3-7。

客统-1

南昌铁路局

客运记录

第 006 号

记录事由：变更收回原票
王明：
2021年9月15日，货主王明在景德镇站托运一批3件瓷器到太原站，票号A023345，重 43 kg。现货主要求将该货返回发站处理。现将原票收回，凭此记录作为领取凭证。
注：1.站、车需要编制记录时均适用。 2.本记录不能作为乘车凭证。　景德镇 站~~段~~ 编制人员 ××（印） 站段 签收人员 （印） 2021年 9 月 16 日编制

图 3-6　客运记录（006号）

中国国家铁路集团有限公司　　电统-3

发报所 fbj	电报号码 XO	组数 zs	等级 Dj	日期 RQ	时分 sj	附注 fz
	005		P			

主送：泰山站转T124次列车长

抄送：太原站行李房

2021年9月15日，货主王明在我站托运一批3件瓷器到太原站，票号A023345，重43 kg。现货主要求将该货返回发站处理，请按章办理。

景德镇站行李房

×××（印）

2021年9月16日

图 3-7　铁路电报（005号）

（2）T124 次列车长接电后，通知列车行李员找出货物并编制客运记录将行李交前方停车站平原站。客运记录（007 号）见图 3-8。

客统-1

南 昌 铁 路 局

客　运　记　录

第 007 号

记录事由：移交变更包裹
平原站行李房：
9 月 16 日接景德镇站 005 号电，要求将景德镇发太原一批 3 件瓷器，票号A023345，
重 43 kg，返回发站，现编记录移交你站，请按章办理。
注：1. 站、车需要编制记录时均适用。 2. 本记录不能作为乘车凭证。 ~~站~~段　编制人员 T124 次列车长××（印） 站段　签收人员　（印） 2021 年　9　月 16　日编制

图 3-8　客运记录（007 号）

（3）平原站接到 T124 次列车移交的包裹及记录后，更改货签及运输报单的到站，注明日期，加盖站名戳，并编制客运记录将行李运至景德镇站。客运记录（008 号）见图 3-9。

（4）景德镇站收到货物后，补收或退还已收运费与实际运送区间里程通算的运费差额。

① 已收运费：景德镇—太原（经芜湖、水家湖、蚌埠、德州、石家庄）

里程合计：1 697 km

43 kg 三类包裹运费：43×1. 989＝85. 50（元）

② 应收运费：景德镇—平原（经芜湖、蚌埠）

往返里程合计：2 502 km

43 kg 三类包裹运费：43×2. 892＝124. 40（元）

③ 运费差：124. 40－85. 50＝38. 90（元）

客统-1

济南铁路局

客　运　记　录

第 008 号

记录事由：变更返回发站
景德镇站行李房：
9 月 16 日过我站 T124 次列车凭 007 号记录交我站一批 3 件瓷器，票号
A023345，重 43 kg，现依记录要求返回你站。该货在我站保管 1 天，现货、记
录随运输报单运你站，请按章办理。
注：1. 站、车需要编制记录时均适用。 2. 本记录不能作为乘车凭证。 平原 站/~~段~~ 编制人员 ××　（印） 站/段 签收人员　（印） 2021 年　9　月 16　日编制

图 3-9　客运记录（008 号）

④ 变更手续费：10.00 元

⑤ 保管费：平原 1 天 3×3.00×1＝9.00（元）

景德镇 1 天　3×3.00×1＝9.00（元）

⑥ 装卸费：平原（装车费）3×2.00＝6.00（元）

景德镇（卸车费）3×2.00＝6.00（元）

⑦ 应补收费用合计：38.90+10.00+9.00+9.00+6.00+6.00＝78.90（元）

（5）景德镇站填写客运运价杂费收据（号码 A000005）。记事栏注明：变更，货物由平原站返回，平原站保管 1 天，景德镇站保管 1 天。客运运价杂费收据（例 3-3）如图 3-10 所示。

（6）向收货人交付货物，原变更票据上报南昌铁路局收入室，另将运输报单做成抄件留站存查。

南昌铁路局

客运运价杂费收据　　甲

2021 年 9 月 20 日　　（存根）

原票据	种别	日期	9.15	9 月 17 日 时 到达、通知、变更
	包裹票	号码	A023345	
				9 月 20 日 时 交付
		发站	景德镇	
		到站	太原	核收保管费 1 日

核收区间	核收费用			款额
	种别	件数	重量	
自 / 站	运费差	3	43	38.90
	保管费	3	43	18.00
至 / 站	装卸费	3	43	12.00
	变更手续费			10.00
经由（ / ） 座别 / 人数 /	合计			78.90
记事	变更，货物由平原站返回，平原站保管 1 天，景德镇站保管 1 天。			

景德镇站经办人 ×× 印

图 3-10　客运运价杂费收据（例 3-3）

任务 3.9　非正常情况应急处置

1. 行包中夹带危险品的处理

如将国家禁止、限制运输的物品或危险品伪报其他品名托运或在货件中夹带时，按下列规定处理。

（1）在发站停止装运，通知托运人领取，运费不退，将原票收回，在记事栏内注明“伪报品名，停止装运，运费不退”。将报销页交托运人作报销凭证。

（2）在中途站停止运送，发电报通知发站转告托运人领取，运费不退，并对品名不符货件按实际运送区间补收四类包裹运费。

（3）在到站，补收全程四类包裹运费。

（4）在列车上发现时，应编制客运记录，交前方停车站处理。必要时还应交有关部门按国家有关规定处理。

【例 3-4】 2021 年 9 月 21 日，T13 次列车（经由石太线、京广线、湘桂线）运行至衡阳至永州东之间，列车行李员换班对货时发现，娘子关站发融水站药品 A098765 号，1 批 3 件 64 kg，纸箱包装，保价 2 万元，其中 2 件 54 kg 外包装破损，经查发现内装货物实为香烟。列车将该批包裹移交永州东站，站车如何处理？（托运人 24 日到永州东站处理）

【解】

1）列车处理

列车应编制客运记录将该批包裹交永州东站处理。客运记录（009 号）见图 3-11。

客统-1

北 京 铁 路 局

客 运 记 录

第 009 号

记录事由：移交限制运输物品
永州东站：
2021 年 9 月 21 日，T13 次列车运行至衡阳至永州东之间，列车行李员换班
对货时发现，娘子关站发融水站药品 A098765 号，1 批 3 件 64 kg，纸箱包装，保
价 2 万元，其中 2 件 54 kg外包装破损，经查发现内装货物实为香烟。现编记录
交你站请按章处理。
注：1. 站、车需要编制记录时均适用。 2. 本记录不能作为乘车凭证。 ~~站~~ 段 编制人员 T13 次行李员 ×× （印） 站 段 签收人员 （印） 2021 年 9 月 21 日编制

图 3-11 客运记录（009 号）

2）永州东站处理

（1）将该批包裹扣留，将香烟交有关部门处理，拍发电报通知发站转告托运人前来处理。铁路电报（006 号）如图 3-12 所示。

中国国家铁路集团有限公司

铁 路 电 报 电统-3

发报所 fbj	电报号码 XO	组数 zs	等级 Dj	日期 RQ	时分 sj	附注 fz
	006		P			

主送：娘子关站行李房

抄送：融水站行李房，北京、柳州铁路局客运部

2021 年 9 月 21 日，T13 次列车行李员发现娘子关站发融水站药品 A098765 号，一批 3 件 64 kg，纸箱包装，保价 2 万元，其中 2 件 54 kg外包装破损，经查发现内装实为香烟。列车将该批包裹移交我站，我站已将该批货暂扣，请你站通知托运人到我站处理。

永州东站行李房

×××（印）

2021 年 9 月 21 日

图 3-12 铁路电报（006 号）

（2）已收运费不退，补收娘子关站至永州东站间 2 件 54 kg 的四类包裹运费。

① 娘子关 —73 km→ 石家庄 —1 496 km→ 衡阳 —141 km→ 永州东　合计：1 710 km

54 kg 四类包裹运费：54×2.704＝146.00（元）

② 保管费：3 件 4 天　3×3.00×4＝36.00（元）

③ 合计应收运费：146.00+36.00＝182.00（元）

④ 填写客运运价杂费收据。记事栏注明：限制运输物品伪报药品。客运运价杂费收据（例 3-4）如图 3-13 所示。

（3）托运人如要求继续托运，应将剩余货件重新制票，办理托运手续。

<table>
<tr><td colspan="8">广州铁路（集团）公司　　甲
客运运价杂费收据
2021 年 9 月 21 日　　（存根）</td></tr>
<tr><td rowspan="4">原票据</td><td>种别</td><td>日期</td><td>9.21</td><td colspan="4">月　日　时　到达、通知、变更</td></tr>
<tr><td rowspan="3">包裹票</td><td>号码</td><td>A098765</td><td colspan="4">月　日　时　交付</td></tr>
<tr><td>发站</td><td>娘子关</td><td colspan="4" rowspan="2">核收保管费　4　日</td></tr>
<tr><td>到站</td><td>融水</td></tr>
<tr><td colspan="4" rowspan="2">核　收　区　间</td><td colspan="3">核　收　费　用</td><td rowspan="2">款额</td></tr>
<tr><td>种别</td><td>件数</td><td>重量</td></tr>
<tr><td colspan="4" rowspan="5">自 娘子关 站
至 永州东 站
经 由（　/　）
座别 / 人数 /</td><td>四类包裹运费</td><td>2</td><td>54</td><td>146.00</td></tr>
<tr><td>保管费</td><td>2</td><td>54</td><td>36.00</td></tr>
<tr><td></td><td></td><td></td><td></td></tr>
<tr><td></td><td></td><td></td><td></td></tr>
<tr><td colspan="3">合　计</td><td>182.00</td></tr>
<tr><td>记事</td><td colspan="7">限制运输物品伪报药品。</td></tr>
<tr><td colspan="8">永州东 站经办人 ×× 印</td></tr>
</table>

图 3-13　客运运价杂费收据（例 3-4）

2. 一般品名不符的处理

发现品名不符应区别性质，实事求是，正确处理。装车前发现，应重新制票，装车后发现，则由到站处理。

在发站，应补收已收运费与正当运费的差额。

在到站，加收应收运费与已收运费差额两倍的运费。

【例 3-5】2021 年 10 月 1 日，南京站交付行李时发现，旅客张丽持 9 月 30 日 K1365 次北京—上海（经由郑州、徐州）车票一张，在石家庄站托运行李 1 件 30 kg，票号 A025886 到南京站，实际品名为服装，南京站如何办理？

【解】

1）处理方法

发现品名不符时，在到站，加收应收运费与已收运费差额两倍的运费。

2）计算过程

① 已收运费：石家庄—南京　（经由郑州、徐州）

合计：1 109 km

30 kg 行李运费：0. 561×30＝16. 80（元）

② 应收运费：石家庄—南京

30 kg 三类包裹运费：1. 296×30＝38. 90（元）

③ 应补收运费：（38. 90－16. 80）×2＝44. 20（元）

3）填写客运运价杂费收据

客运运价杂费收据（例 3－5）如图 3－14 所示。记事栏注明：品名不符，行李实为服装。

上 海 铁 路 局　　甲

客运运价杂费收据

2021 年10 月1 日　　（存根）

<table>
<tr><td rowspan="4">原
票
据</td><td>种别</td><td>日期</td><td>9. 30</td><td colspan="4">月 日 时 到达、通知、变更</td></tr>
<tr><td rowspan="3">行李票</td><td>号码</td><td>A025886</td><td colspan="4">月 日 时 交付</td></tr>
<tr><td>发站</td><td>石家庄</td><td colspan="4" rowspan="2">核收保管费 日</td></tr>
<tr><td>到站</td><td>南京</td></tr>
<tr><td colspan="4" rowspan="2">核 收 区 间</td><td colspan="3">核 收 费 用</td><td rowspan="2">款额</td></tr>
<tr><td>种别</td><td>件数</td><td>重量</td></tr>
<tr><td colspan="4" rowspan="5">自　/　站
至　/　站
经 由(　/　)
座别　/　人数　/</td><td>运费差</td><td>1</td><td>30</td><td>44. 20</td></tr>
<tr><td></td><td></td><td></td><td></td></tr>
<tr><td></td><td></td><td></td><td></td></tr>
<tr><td></td><td></td><td></td><td></td></tr>
<tr><td colspan="3">合 计</td><td>44. 20</td></tr>
<tr><td>记
事</td><td colspan="7">品名不符，行李实为服装。</td></tr>
<tr><td colspan="8">南京 站经办人 ×× 印</td></tr>
</table>

图 3－14　客运运价杂费收据（例 3－5）

4）拍发铁路电报

向石家庄站，北京、上海铁路局收入室拍发铁路电报。铁路电报（007 号）如图 3－15 所示。

中国国家铁路集团有限公司

铁 路 电 报　　　　电统-3

发报所 fbj	电报号码 XO	组数 zs	等级 Dj	日期 RQ	时分 sj	附注 fz
	007		P			

主送：石家庄站行李房

抄送：北京、上海铁路局收入室

2021 年 9 月 30 日，旅客张丽在你站托运行李 1 件 30 kg 到我站，票号 A025886，交付时发现实际为服装。我站按规定已用客杂 A000007 号补收运费 44.2 元。特电！

南京站行李房

××（印）

2021 年 10 月 1 日

图 3-15 铁路电报（007 号）

3. 到站发现重量不符的处理

到站发现行李、包裹重量不符，应退还运费时，开具退款证明书将多收款退还收货人；应补收运费时，开具客运运价杂费收据补收正当运费，同时开具客运记录附收回的行李、包裹票报铁路局收入部门，由铁路局收入部门列应收账款向检斤错误的车站再核收与应补运费等额的罚款。

【例 3-6】2021 年 10 月 3 日，秦皇岛站交付包裹时发现，10 月 1 日由天津站发秦皇岛站服装 5 件 100 kg，票号 A034256。其实际重量为 150 kg，应如何处理？

【解】

1）处理方法

发现重量不符应补收时，只补收超重部分正当运费。

2）计算过程

（1）运价里程：天津—秦皇岛　280 km

（2）重量差：150−100=50（kg）

（3）50 kg 三类包裹运费：0.399×50=20.00（元）

（4）秦皇岛站填写客运运价杂费收据（例 3-6）（见图 3-16）。记事栏注明：重量不符，服装 5 件，票面记载 100 kg，实际重量 150 kg。

（5）秦皇岛站编写客运记录报北京铁路局收入部门。客运记录（010 号）如图 3-17 所示。

北 京 铁 路 局　　　　甲

客运运价杂费收据

2021 年 10 月 3 日　　　　（存根）

原票据	种别	日期	10.1	月　日　时　到达、通知、变更		
	包裹票	号码	A034256			
				月　日　时　交付		
		发站	天津			
		到站	秦皇岛	核收保管费　日		
核　收　区　间				核　收　费　用		款额
				种别	件数	重量	
自___/___站 至___/___站 经　由(　　/　　) 座别___/___人数___/				运费差			20.00
				合　　计			20.00
记事	重量不符，服装 5 件，票面记载 100 kg，实际重量 150 kg。						
秦皇岛站经办人　××　印							

编号A000008

图 3-16　客运运价杂费收据（例 3-6）

客统-1

北 京 铁 路 局

客 运 记 录

第 010 号

记录事由：补收超重包裹运费
北京铁路局收入室：
2021 年 10 月 3 日，我站交付时发现，10 月 1 日由天津站发我站服装
5 件，100 kg，票号 A034256。其实际重量为 150 kg，超重 50 kg，我站已用
“客杂” A000008 号补收运费 20.00 元，特此记录。
注：1. 站、车需要编制记录时均适用。 2. 本记录不能作为乘车凭证。 秦皇岛 站/段 编制人员 ×× （印） 站/段 签收人员 （印） 2021 年 10 月 3 日编制

图 3-17 客运记录（010 号）

4. 线路中断的处理

线路中断后，对已承运行李、包裹按下列规定办理。

（1）未装运的行李、包裹留在发站待运或由托运人办理取消托运。

（2）已装运在途被阻的行李、包裹，列车折返时由折返局根据具体情况指定卸在折返站或邻近较大车站（列车不折返、待命继续运行的不卸）。如折返区段均为中间小站时，可与邻局协商，返回邻局较大的车站卸下保管。线路恢复后，应优先装运被阻的行李、包裹，并在票据记事栏注明被阻日数，加盖站名戳。

（3）根据托运人的要求，在发站和由中途站返回发站的行李、包裹取消托运时，收回行李、包裹票，在旅客页和报单页记事栏注明“线路中断，取消托运”，填开“退款证明书”退还全部运费并将收回的行李、包裹票附在“退款证明书”报告页上报。

（4）旅客或收货人、托运人在中途站领取时，收回行李、包裹票，填写“退款证明书”，退还已收运费与发站至领取站间的运费差额，不足起码里程按起码里程计算，并在行李、包裹票旅客页、报单页、记事栏注明“线路中断，中途提取”，附在“退款证明书”报告页上报。

（5）旅客在发站停止旅行，行李已运至到站，要求将行李运回发站取消托运时，在行李票报销页加盖“交付讫”戳，在记事栏注明“因线路中断，行李运至到站返回，运费不退”，交旅客作为报销凭证。

（6）旅客在发站或中途站停止旅行，要求仍将行李运至到站时，补收全程或中止旅行站至到站的行李和包裹差价。

（7）包裹在中途被阻，托运人要求变更到站，补收或退还已收运费与发站至新到站的运费差额，不收变更手续费。在客运运价杂费收据或退款证明书记事栏注明“因××线路中断，变更到站”。

（8）鲜活包裹在运输途中被阻，卸车站应及时与发站联系，征求托运人处理意见。要求返回发站或变更到站时，按上述办法处理。托运人要求铁路处理时，卸车站应处理，处理所得款填客运运价杂费收据上交，在记事栏内注明情况，并编制客运记录写明情况，附处理单据寄送发站，处理所得款由处理站所属铁路局收入部门汇付发站所属铁路局收入部门。发站凭记录和单据填写“退款证明书”退还已收运费与发站至处理站间运费差额和物品处理所得款。记录、处理单据及收回的包裹票随“退款证明书”报告页上报。

（9）组织行李、包裹绕道运输时，应在行李、包裹记事栏注明“线路中断，绕道运输被阻×日”并加盖站名戳，原车绕道时加盖列车行李员名章，到站根据实际运输里程加上被阻日数计算运到期限。

（10）线路中断后承运包裹，经铁路局批准，按实际径路计算运费。

【例 3-7】 2021 年 8 月 15 日，货主郭佳玉在下花园站托运到枣庄站配件 3 箱 100 kg，票号 B034567，装运当日 K1128 次列车。列车运行至沧州与德州间时，因前方水害线路中断，包裹被阻在沧州站，17 日收货人在沧州站提取，沧州站应如何办理？

【解】

1）处理方法

线路中断，收货人在中途站要求领取时，沧州站应收回包裹票，填写“退款证明书”，退还已收运费与发站至领取站间的运费差额，不足起码里程按起码里程计算。在旅客页和报单页记事栏注明：“线路中断，中途提取”，附在“退款证明书”报告页上报。

2）计算过程

（1）已收运费：下花园—枣庄　861 km

100 kg 三类包裹运费：1. 151×100＝115. 10（元）

（2）应收运费：下花园—沧州　410 km

100 kg 三类包裹运费：0. 584×100＝58. 40（元）

（3）应退还运费：115. 10－58. 40＝56. 70（元）

填写“退款证明书”，车站退款证明书（002 号）如图 3-18 所示。记事栏注明：因水害线路中断，包裹在沧州站提取。

中国国家铁路集团有限公司　　　　　　　　　　　　　　　　财收-16

中国铁路北京局集团有限公司

车站退款证明书

填发日期　2021 年 8 月 17 日　　　　　　　　　　编号 002

票据种类	票据号码	填发日期	发站	到站	车种车号	单位	名称及地址	成都市机械制造有限公司	
包裹票	B034567	8.15	下花园	枣庄			开户银行及账号	××××××	
原记载	品名	实重	计重	运价号	运价率	货物运费			
	配件	100	100		三类	115.10			
订正	配件	100	100		三类	58.40			
应退						56.70			
原记载									合计
订正									
应退									56.70
记事：因水害线路中断，包裹在沧州站提取。				退款金额（大写）		/万 / 仟/ 佰 伍 拾 陆 元 柒 角 零 分			
				随原票据联报告铁路局 沧州站　　　　　经办人××					

填发站（公章）沧州站公章　　　　填发人　××　　　　付款人××

图 3-18　车站退款证明书（002 号）

任务 3.10　车站行包作业组织

1. 班前准备

（1）参加点名。按规定时间参加集体点名，听取文件、电报、命令及领导指示和当班重点工作，接受业务试问考核。做到着装整齐，统一规范，仪容整洁，佩戴职务标志。值班员布置任务具体明确，责任到人，业务试问结果有记载。

（2）列队上岗。工作人员按顺序排成一列，经指定路线进入作业岗位。做到排列整齐、姿态端正、步伐一致。

2. 交接班

（1）填写《行包工作日志》，彻底清扫卫生，整理工具、备品。

（2）对岗交接。交清列车运行、停限办命令、行包状况、承办事项、现金票据、职场卫生、设备设施、工具备品等情况。做到票据、账款、货件不清（贵重品不清、登记不符）不交；行包丢失、破损未登记（密件、挂号信破封未登记）不交；货件堆码（信件存放）混乱不交；卫生不合格不交；重点事项不明不交；应处理问题未处理不交；设备及备品不齐全、不定位不交。

（3）参加班终总结会，进行自我讲评，做到实事求是，不隐瞒问题，吸取经验教训；值班员对本班工作进行总结，不断改进工作。

3. 行包发送作业

（1）准备。将备用金按面额分类存放，行包票据等定位放置。

（2）受理。按照“询问、检查、验证、填单、编号”程序进行。

询问货主托运货件的到站、品名、件数，有无客票、有无“三品”夹带；检查货件内容、外包装是否符合要求，内部衬垫是否稳妥；确认品类是否相符，是否符合行包运输标准和条件；指导货主规范填写托运单，查询到站是否限办；按照托运单上的编号，在行包外包装上标记编号，做到编号相符，无“三品”夹带和伪报品名现象；按规定验看运输证明，做到手续齐全；对单件保价千元以上的物品必须施封，做到保价自愿，施封规范。

（3）称重、安检、制票。按照称重、安检、收款、制票、交接程序进行。搬运工将行包搬运至衡器前，行李员检查行包外包装是否符合标准，有异议及时提出。检斤称重，称重后将件数、重量填记在托运单上，并将其传递至制票窗口；经安检仪对货件进行安检，安检员在托运单上加盖已安检戳记及名章。制票窗口根据收到的重量及安检的结果进行制票收款、打印货签。安检员在行李包裹票上加盖安检戳记。做到包装符合要求，称重准确，无“三品”夹带，制票无误。票货无误后中铁快运工作人员与行包房行李员进行交接。

（4）拴粘货签。按照“核对、拴粘、检查”程序进行。核对托运单与行包外包装上的编号、行包票与货签编号，无误后进行拴粘。检查货签拴粘是否符合规定，做到编号相符，货签齐全，拴粘牢固，安全标志明显。

（5）入库交接。按照“核对、扫描、交接、入库”程序进行。核对行李包裹票与行包是否相符，票货相符无误后将行包搬入仓库，按方向有序堆码。行包入库后，对其进行逐件扫描。作业完毕与中转行李员进行票货核对，确认无误后与中转行李员交接。重点行包重点交接。

对代办网点、中铁快运网点、流动车受理的货件，核对行李包裹票与行包是否相符，对其进行逐件扫描，票货相符无误后，进行安检，安检无异常后，与对方办理交接，重点行包重点交接。然后将行包搬入仓库，按方向有序堆码。

（6）整理票账。按照“清点、统计、整理、交款”程序进行。清点进款，统计票据，先结款后结账，做到账款相符；统计批数、件数、重量、进款，打印统计报告，加盖（打印）名章。整理行包票据和托运单，分类装订成册，上交行包票据报告页，保留存根页，做到整齐连号不串页，装订规范不凌乱；上交进款和统计报告，盖章交接，做到交款及时，消灭溢赔。

4. 行包接发车作业

1）编制计划

根据行包运输方案编制装车计划，按照“计划、备货”程序进行。应用行包管理信息系统，根据库存行包信息，按本班作业的具体情况，选取票据数据，编制装车计划，打印装卸交接证。持运输报单和装卸交接证库内找货，进行票货核对，保证票货相符，票动货动；组织装卸人员按站顺将行包搬运至拖车上，堆码行包不超高、不超载、不超宽，四周护栏拖车应保持侧护栏锁闭，前后护栏拖车及四周护栏拖车装载货物重心高于护栏顶端时，货物应加盖防护网（绳），确保货物运输途中不掉落。货物复核，消灭误搬、错装、漏装。逐件扫描行包，确认上传。

2）组织装车

按照“接车、监装、唱对、交接、清点”程序进行装车。根据旅客列车运行到达预报时刻，提前到指定站台接车位置接车，准备装车；在动车组列车进入或驶出前 5 min 内，所停靠站台严禁货物落地堆码，严禁牵引车、拖车及手推车等装卸机具移动，在站台上停留的牵引车、拖车及人力车须停留在站台中部，距站台边缘 2 m 以上；牵引车须拉紧手刹，拖车摆放成行，手推车须止轮，且不得停放在坡道上，车轮方向须与线路平行，防止溜逸侵限；重拖车上的行包须捆绑牢固，专人看管；根据列车行李员安排，先卸后装，分方向按站顺装车，做到“报站唱数”，装一站报一站，装一件唱一件。装卸人员在搬运、装卸货物时要坚持做到：双手拿稳、弯腰轻放，禁止砸、摔、抛、掷货物；拆解货垛时应自上而下搬运，禁止从底部将货垛推倒或抽芯使货垛坍塌后搬运。在装卸重件货物或大件货物时应适当调配装卸力量，要有专人指挥、防护，实行呼唤应答，抬搬货物及落地时，须喊号一起动作防止碰伤和砸伤手脚。重点货件单独码放，重点交接；发生甩货时，在交接证上抹销未装行包，更正件数，加盖名章，将运输报单和交接证交给列车行李员，由列车行李员加盖名章办理交接；清点未装货件，与运输报单核对，及时入库，逐件扫描回库行包。将交接证留存备查。

3）组织卸车

按照“准备、监卸、唱对、交接、入库”程序进行卸车。根据旅客列车运行到达预报时刻，提前进入指定站台接车地点接车，准备卸车；列车到达后，上车接收列车行李员递交的运输报单和交接证，按到达、中转进行分票，注意交接证上记载的事项，检查运输报单上有无超重、易碎、高保值、施封等记载事项，提醒装卸人员注意；组织装卸人员看签卸车，重点货件单独码放，现场监卸，检查包装现状，发现票货不符、包装有异状或件数不符，应与列车行李员共同确认，要求列车行李员在交接证上签注、盖章；卸车后，与装卸人员互唱互对，件数不清拖车不动；确认票货相符后，在交接证上加盖名章，与列车行李员办理交接，严禁用签字代替；组织装卸人员将货件按到达、中转分货装车，捆绑牢固，跟车入库；装卸人员与到达、中转库行李员点交货件，行李员将运输报单和交接证送交到达、中转库。

4）预报

根据列车移交的事项和交接证记载的预报内容，及时传达预报。做到传达内容不漏项，预报事项准确及时。

5）处理

对装、卸行包中发生的未与列车行李员进行准确交接及其他问题，按规定拍发电报处理。做到信息畅通，报告及时。

5. 行包到达作业

1）准备

将备用金按面额分类存放，行包票据等定位放置。

2）库内对货

按照“接单、兑货、检斤、处理”程序进行库内对货。与接车行李员办理行包票据运输报单交接；按运输报单清点到达行包件数，检查包装，对超重、破损货件进行检斤，并在运输报单上记载实际重量，确认无误，与装卸人员共同签认；根据运输报单逐件检查货件，逐件进行扫描，票货核对无误后，组织装卸人员按票据尾号或鲜活、易腐、放射性物品等货区分批堆码；扫描完毕后，对运输报单、货物件数和相关信息进行确认，对票、货、信息不符情况进行处理。在运输报单上记载到达日期、车次，加盖戳记，送交交付窗口；对货件短少、破损或票货不符的，应报行李值班员拍发电报或编制客运记录处理。做到入库交接手续严格，达到车车清、批批清、件件清。

3）货件保管

严格执行仓库管理制度。整理包装应两人以上同时作业，并在《行包交接记录簿》记事栏内记录，严禁非行包装卸人员查找、搬运行包。行包库门钥匙专人掌管，存放点专人看护。

货件按批，按票据尾号，按鲜活、易腐、易碎品分类码放，放射性物品单独存放；做到防水、防火、防鼠、防盗。及时整理库存行包，维修破损包装，处理腐烂变质物品。货动有交接，交接有手续。做到行包装卸、搬运轻拿轻放，大不压小，重不压轻，箭头朝上，标签朝外，排列整齐，堆码稳固，留有通道。

4）到货催领

行包到达后及时通知收货人，并在运输报单上记载通知时间、通知方式、被告知人姓名、号码。收货人地址不详时，应查看货签或外包装有无记载，必要时与发站联系，千方百计查找。对鲜活物品、应急药品、抢险救灾物品应优先通知，或反复查找收货人。做到催领及时，不漏通知，不漏填记。

5）换票

根据领取凭证在行包管理信息系统和票格中查找相应票据，核对票号、品名、件数、发到站、发收货人，无误后换发领取单据，加盖换票戳记；对超期保管、运输报单有超重记载的货件应按规定结算、补收费用，打印客运运价杂费收据，将领取单据、找零款、客运运价杂费收据一并交旅客或货主，唱收唱付。凭领取凭证领取时，与运输报单确认无误后，办理换票手续。凭印鉴领取包裹时，对协议单位和规定的专用领货印章确认无误后，将运输报单内容和领取日期逐项转记在《凭印鉴领取登记簿》内，由收货人签收，同时填发“领取行包凭证”交收货人。凭传真件领取时，领取人需提供身份证原件和复印件。他人代领时，除提供收货人身份证原件和复印件外，还需提供代领人身份证原件和复印件。并将相关内容粘贴或填写在传真件背面。手续齐全后，办理换票手续。逾期未到的行包，收货人领取（查询）时，在领取凭证上加盖“逾期未到”戳记。行包到达后，及时通知收货人领取，按章支付违约金。对超过免费保管期限的行包，按章核收保管费。

6）交付

按照“传单、找货、核对、交接、撕签、交付、盖章”程序进行交付作业。中铁快运营业部行李员接到收货人领取单据后将其交给行包房行李员，行包房行李员凭领取单据找出货件；对找出的货件逐件核对货签；与中铁快运营业部行李员交接、扫描，逐件撕收货签；指挥装卸人员将核对无误的货件搬到指定的交付地点交与收货人；对货件领取完毕的领取单据加盖“交付讫”戳。做到核对准确，无漏撕货签，无漏盖印章，无旅客自找自搬。

6. 公文（信件）收发

1）受理

按照“接收、核对、检查、盖章、保管”程序进行公文（信件）受理作业。接收发文单位的挂号信、密件、贵重品和交接证；对挂号信、密件、贵重品逐件详细核对发到站、收发单位、种类、编号和数量；检查受理的挂号信、密件、贵重品的包装、粘贴、施封、印章情况，看包装是否完好，粘贴是否牢固，印章是否清晰，贵重品是否施封，骑缝条是否粘牢并加盖骑缝印，挂号号码名章是否齐全，发现不符合运输条件的拒绝受理；检查确认无误后，在“铁路公文物品运送单”上加盖经办人规定印章，保存页交办理单位留存；将受理的信件及物品按线别定位投放；对挂号信、密件、贵重品入柜加锁保管。做到无错收、无损坏、无丢失、无泄密。

2）站车交接

接发信件时，公文（信件）行李员必须亲自接发车，使用专用信袋，不得手捧、怀抱或由他人代接、代发；与列车行李员办理交接时，必须使用规定印章，不得签字或信用交接。做到不误递、不漏发、不积压。向列车移交时，车递信件发车前应分拣，按车次、到站捆绑；挂号信、密件、贵重品按车次、站顺、件数等逐项填写“铁路公文物品运送单”，移交列车行李员盖章签收。接收时，应检查信件、物品的包装，核对发站、到站、件数是否与“铁路公文物品运送单”一致；对挂号信、密件、贵重品应认真检查封印、编号，核对实物，确认无误后，加盖名章与列车办理签收。

3）信件保管

到达信件、物品应妥善保管，车递信件按单位分别入箱；挂号信、密件、贵重品要单独登账，单柜加锁保管。做到不丢失、不损坏、不泄密，存放挂号信、密件、贵重品的柜门不漏锁。

4）信件交付

确认领取印鉴与登记印鉴相符时，办理盖章交付。做到无漏交、无误交。

5）整理

铁路公文物品运送单按日整理，准确统计发、到、转件数。按月装订成册，统一保管，做到统计准确及时，保管成册定置。

7. 无法交付行包处理

1）登记

对到达和发出通知 90 天仍无人领取的行包，应按无法交付行包处理。详细检查货件状况，核对发到站、品名、件数、重量、包装、票号、收货人姓名等，将有关内容登记在《无法交付行包登记簿》上，有关行包票据按到达日期单独存放。做到登记正确，票据整齐，无丢失。

2）通告

将无法交付行包的有关信息登在行包领取处的“无法交付货物公告栏”内，及时向旅客、货主通告。

3）存放

对无法交付行包的票据、登记、现货进行“三核对”，无误后存放在单独区域，不得与正常货件混放。

4）处理

无法交付行包通告 90 天仍无人领取时，应及时报铁路局相关部门批准后予以变卖，将处理情况填写在《无法交付行包登记簿》上，做到处理及时，无积压。处理后，货主在规定的期限内来领取时，应认真审查所有证明，填写“退款证明书”退还剩余款。变卖无法交付行包的所得款应冲抵发生的费用后填客运运价杂费收据上缴。

8. 无主行包处理

1）标记

无法确认正确到站和收、发货人的行包，行李员及时报告行李值班员。行李值班员亲自确认，组织编制记录，补挂无主行包货签。记录编制要点：发现日期、车次、产生原因（多卸等）、包装特征、品名、重量（数量）、规格、尺寸、颜色、生产厂家等内容。按规定发报通知有关列车担当单位，同时在《行包工作日志》中记载，凭记录和物品清单将该货件转入专用货区由专人保管。

2）查验

组织相关人员开包查验无主行包所有人信息，主动联系、积极配合，根据确认的到站，及时补运。如接到电报、函件、电话等查询信息时，应根据查询信息认真核对，确认为真正到站、收货人后，及时补运，做好处理登记。

3）认领

三日内将无主行包在行包事故处理系统上进行网上登记并附照片，以便各单位网上查找和认领。网上登记内容：发现日期、卸车车次、重量、注明品名、包装种类、外部特征（外包装颜色、字样等标识）、物品清单（便于识别货主的内容，品名、数量、规格、尺寸、颜色、生产厂家等）、记录号、处理情况等。

4）处理

无主行包网上登记无人认领且已达到保管期限，按无法交付行包进行处理。

任务 3.11 列车行包作业组织

1. 往程始发作业

1）出乘准备

（1）按规定时间到段参加班组出乘会。出乘前 8 h 内严禁饮酒，保持精力充沛；服装、职务标志、仪容仪表符合规定。

（2）听取列车长布置本趟乘务重点工作。

（3）请领备品、资料、巡检仪。

（4）携带规定证件及相关备品、资料、巡检仪。严禁携带“六类物品”：钩针、刀具、剪子、钳子、改锥、胶带。

（5）集体到派班室点名，穿着规定服装，佩戴职务标志。

（6）听取派班员传达上级有关文电、命令、指示，接受提问。

2）站台或库内作业

（1）按照规定行走路线进站（入库）接车。局管内始发站双班作业的，其中 1 名行李员跟随班组一起进站（入库），另 1 名行李员按规定路线，提前到车站行包房了解待装货物情况。单班作业行李员和非局管内始发站 2 名行李员均要随班组一起行动。

（2）清点清扫工具、办公用品，按规定检查车辆设备，交接备品。

（3）检查揭示揭挂是否齐全，办公间有规定的时刻表、岗位职责、货位示意图和“押运人员须知”，货仓内有“严禁烟火”“爱护行包”，行李车与其他车辆连接的端门有“闲人免进”标志，按标准揭挂。发现缺失向列车长报告。

（4）办公间窗明地净，四壁无尘，窗帘挂摆平整，桌椅洁净，洗脸池、便器洁白，厕所无异味，暖气管无积灰。货仓无杂物，四壁无污垢，地面干净。

（5）检查车内上水情况，发现车内缺水向列车长报告。

（6）按规定检查车辆设备（货仓门是否作用良好；门窗锁、玻璃、制动阀、灭火器材、配电盘、便器、洗脸池、行李架、衣帽钩、翻板、天棚盖等是否牢固；是否设有防护栏）。发现问题填写在乘务工作记录中并报告列车长。

（7）表报资料齐全，规章修改及时、规范、准确，定位摆放备品，落放车窗，挂摆窗帘，悬挂揭示牌。隔离带、站名牌、链锁等设施齐全，按规定标准定置摆放。

（8）锁闭厕所、配电室、锅炉室及端门等，各柜门加锁，做好出库准备工作。

（9）列车由库内进入站台前，整理服装、制帽、职务标志、仪容仪表。

（10）列车站台停稳后，开门，准备监装。

3）始发站台作业

（1）按车站行李员递送的装车计划，指定货位，监装点数，按票逐批清点。行李车货垛堆码不挤占中间通道，不超高，不堵门。对易碎、鲜活、放射性物品及易污染其他物品的货物要隔离，流质、易磨损货物不准与易窜动和有尖锐棱角的货物码放在一起。超重、超大货物应根据货物的重量、体积及包装安排特定货位堆码，确保均衡装载。

（2）坚持“三检、三对、一隔离”制度。

（3）办理信件交接坚持“一确认、二检查、三清点”制度。“一确认”：确认到站；“二检查”：检查封印、包装；“三清点”：挂号信、密件、贵重品清点正确，签收交接并加盖规定名章。

（4）与车站行李员办理交接，根据交接证的记载清点票据和货物件数（时限快递及其他重点货物要重点交接、单独码放）。严禁信用交接。

4）始发站开车作业

（1）装车完毕关闭货仓门，锁闭车门，正确使用链条锁；站停时间较长时，列车行李员装卸作业完毕后可在货仓内整理货件，车动时到货仓门处立岗，无装卸车作业时（与班组同步）在货仓门处立岗；列车出站台，检查货仓门及车厢两侧端门、边门锁闭情况。遇有货仓门锁作用不良时，须及时通知车辆检修人员，并加强防护，如实记录；在列车运行途中，任何人不得打开或部分打开仓门。

（2）整理货物，确保货位有序，堆码整齐，留有防火通道（通道底宽 50 cm，上宽 80 cm，装载高度距棚顶中心线高度不少于 50 cm）。站名牌悬挂准确、挂牢，隔离带按规定放置。

（3）遇有押运人员，要认真看票验证，按规定格式逐项登记，收缴火种并宣讲安全注意事项。遇有押运动物、植物时，同时查验检疫部门出具的检疫证明。

（4）按站顺整理票据，填写行包交接证，铁路公文物品运送单；核对票货；填写“行包密度表”；调整货位显示板；货位示意图与实际货位相符。

（5）公文、信件按站顺分存，放入格内。对贵重品、密件要入柜加锁，不丢失，不泄密，并在记事栏内注明。运输麻醉品及精神药品时，妥善保管运输证明副本。

（6）执行整点巡检制度，巡检时间不得超过整点前后 10 min。巡检的重点是行李车货仓内货物状态、货仓门、车门、端门、取暖锅炉等重点部位状况。

2. 往程途中作业

1）到站前作业

（1）到站前按票核对件数、到站。不卸行包用隔离带隔离。

（2）整理预卸货物，做好前方站卸车准备。发生误装、误卸、货票分离等差错时，立即查找原因，及时处理，查清到站并编制客运记录，交站方处理，同时拍发声明电报。

（3）做好到站前卫生，站停 3 min 以上非集便器厕所应锁闭。

2）停站作业

（1）当列车即将进站时，提前在货仓门处立岗（停办行包业务车站也要出场立岗），停稳开门后先交要卸的行包票据、公文信件，指明应卸货位，监装监卸。装卸量大的车站双人双门组织装卸作业。

（2）向站方行李员预报前方停车站应卸件数、剩余装车能力。

（3）按规定与站方办理交接，加盖规定印章，不信用交接。对时限快递及其他需重点交接货物，单独制证交接。

（4）严禁向车外扫倒垃圾，清灰，抛扔杂物。

3）开车后作业

与始发站开车后作业内容相同。

4）交接班作业

（1）交班前整理职场环境，做到卫生无死角。整理用具、备品，做好交接班准备。填写

《行李员乘务工作日志》，认真交接。

（2）与接班行李员进行交接，做到“七不交”：公文、信件、贵重包件、密件不清不交；行包件数不清不交；货位不清不交；行包堆码超规不交；备品不全不交；卫生不好不交。

（3）详细交接押运人员情况，重点货物单独交接。

3. 折返站作业

1）折返站到达作业

（1）清理职场卫生，冲洗厕所；检查设备设施。

（2）到站前整理票据，清点件数，核对贵重包件、密件，点清公文信件。

（3）监督卸车，站车交接。

（4）填写“行包密度表”，汇总单程运送行包件数、重量；填记资料、台账。

（5）业务处理。发生差错时，立即查找原因，及时处理，查清到站并编制客运记录，交站方处理，向列车长汇报，同时拍发声明电报。

（6）遇特殊情况，折返站货件未卸完，车体入库，行李员要立即向列车长报告，并按章拍发电报告知相关单位。行李车未卸货件由列车长指派人员看护，已卸下的货件要派人与站方办理交接。

（7）参加班组返乘会。

2）折返站始发作业

与往程始发作业内容相同。

3）返程途中作业

与往程途中作业内容相同。

4. 终到作业

1）终到前作业

（1）全面清理职场卫生，做到“三不带”：不带垃圾、污水、粪便。

（2）整理票据，清点件数，汇总行包、铁路公文物品运送单、电报、记录、“行包密度表”，装订成册，并加封面，写清乘务日期、车次、班组、区间、件数、批数、重量、行李员姓名、列车长姓名。

（3）检查设备设施。做到设备设施齐全有效。

2）终到站作业

（1）组织卸车，监卸点数，与站方办理交接，加盖规定印章。对时限快递及其他需重点交接货物单独交接。

（2）业务处理。发生误装、误卸、货票分离等差错时，立即查找原因，及时处理。

（3）各种资料、工具备品归位。

（4）遇特殊情况，终到站货件未卸完，车体入库，行李员要立即向列车长报告，并按章拍发电报告知相关单位。行李车未卸货件由列车长指派人员看护，已卸下的货件要派人与站方办理交接。

3）终到退乘作业

（1）随班组退乘。到派班室上交行包密度表、行包装卸交接证、计划单、铁路公文物品运送单等表报，列车行李车巡检仪等设备。

（2）参加退乘会，详细汇报本趟乘务工作情况，实事求是。听取列车长讲评趟班工作及考核结果。

【例 3-8】2021 年 6 月 9 日，Z12 次（沈阳北—广州东，沈阳客运段担当）于沈阳北站计划装车 300 件，列车行李员发现沈阳北发广州东的 G000001 号包裹（品名为药品）1 件，外包装纸箱损坏，沈阳北发长沙的 G000002 号包裹配件少 1 件，车站在办理交接时，车站行李员拒绝办理签字交接手续，列车行李员如何处理？

附：沈阳北—北京站间沿途停车站及时刻：沈阳北 7:00 开，盘锦北 8:11 到（不办理行包业务），锦州南 8:55 到（不办理行包业务），葫芦岛北 9:21 到（不办理行包业务）、绥中北 10:11 到（不办理行包业务），山海关 11:11 到，北戴河 11:55 到（不办理行包业务），北京14:36 到。

【解】

处理方法：查找行包，重新核对所装行包票据和件数。于最近前方停车站盘锦北站拍发声明电报，因盘锦北站不办理行包业务，将电报交列车长与车站值班员办理电报交接。铁路电报（008 号）如图 3-19 所示。

中国国家铁路集团有限公司

铁 路 电 报 电统-3

发报所 fbj	电报号码 XO	组数 zs	等级 Dj	日期 RQ	时分 sj	附注 fz
	008		P			

主送：沈阳北站行李房

抄送：广州东、长沙站行李房、沈阳客运段乘务科

2021 年 6 月 9 日沈阳北站 Z12 次计划装 300 件，实装 299 件，沈阳北发长沙G000002号包裹，品名为配件，少1件，另沈阳北发广州东G000001号包裹，品名为药品，1 件，外包装纸箱损坏，站车未办理交接，特电声明。

Z12 次列车行李员

××（印）

2021 年 6 月 9 日于盘锦北站

图 3-19 铁路电报（008 号）

【例 3-9】2021 年 6 月 9 日，K518 次（长春—上海，吉林客运段担当）列车运行到铁岭—沈阳北间，因故列车紧急制动停车，致使行李车货位倒塌，将长春发南京 G000003 号包裹（品名为玻璃制品）1 件砸坏，经查箱内有 5 个玻璃制品损坏。列车应如何处理？

【解】

（1）由于列车紧急制动造成行李包裹损坏时，列车长、行李员要记录发生的区段、公里、机车型号、司机姓名，并请运转车长出具证明，回段后上交乘务科留存并拍发事故速报。铁路电报（009 号）如图 3-20 所示。

中国国家铁路集团有限公司

铁 路 电 报　　　　电统-3

发报所 fbj	电报号码 XO	组数 zs	等级 Dj	日期 RQ	时分 sj	附注 fz
	009		P			

主送：南京站行李房

抄送：长春站、吉林客运段乘务科、沈阳铁路局客运部、上海铁路局客运部

2021 年 6 月 9 日我车运行至铁岭—沈阳北间（铁岭开车××公里），因列车紧急制动停车，导致行李车货位倒塌，将长春发南京 G000003 号包裹玻璃制品 1 件砸坏，经查箱内有 5 个玻璃制品损坏。请到站按章处理。

K518 次列车长

××（印）

2021 年 6 月 9 日于沈阳北站

图 3-20　铁路电报（009 号）

（2）行李员应会同列车长、乘警编制客运记录。客运记录一式三份，一份留存，一份交段乘务科，一份随包裹运送到站，作为交接凭证和到站编制行包事故记录的依据。应注明包裹的托运人姓名、单位、发到站、品名、件数、重量、票号和行包受损程度等。客运记录（011 号）见图 3-21。

客统-1

沈阳铁路局

客运记录

第 011 号

记事事由：移交损坏包裹
南京站行李房：
2021年6月9日我车运行至铁岭—沈阳北间，因列车紧急制动停车，导致行李车货位倒塌，将长春发南京G000003号包裹玻璃制品1件砸坏，经查箱内有5个玻璃制品损坏。现将该行包移交你站，请按章处理。(附运转车长证明一份)
注：1. 站、车需要编制记录时均适用。 2. 本记录不能作为乘车凭证。 ~~站~~段 编制人员 K518次列车行李员 ××(印) 站段 签收人员 (印) 2021年 6月 9日编制

图 3-21 客运记录（011号）

【例 3-10】 2021年6月9日，大连客运段值乘的大连开往上海的T134次列车行李员整理货仓时，发现发货人孙伟于2021年6月9日在大连站发往徐州1件行李（票号X000004）中夹带的食用油两瓶破损外溢，将发货人大连第四服装厂王欣由大连发往蚌埠的服装1批5件中之1件（票号G000005）污损。应如何处理？

【解】

（1）发现伪报品名的行李、包裹损坏其他旅客的行李、包裹时，应编制客运记录，分别附在伪报品名和被损坏的行李票、包裹票上，交有关到站处理。由责任者的到站负责追索赔偿。

（2）分别编制的客运记录，均应注明伪报品名和被损坏行包的托运人、收货人姓名、单位或住址、行包的品名、件数、票号，并说明污损情况。客运记录（012号）如图3-22所示，客运记录（013号）如图3-23所示。

客统-1

沈 阳 铁 路 局

客　运　记　录

第　012　号

记录事由：移交被污损包裹
蚌埠站行李房：
发货人孙伟于 2021 年 6 月 9 日从大连站发往徐州 1 件行李（票号 X000004）
中夹带的食用油两瓶破损外溢，将 2021 年 6 月 9 日发货人大连第四服装厂王欣
由大连发往蚌埠的服装 1 批 5 件中之 1 件（票号 G000005）污损。我车已编制
013 号客运记录附在发货人孙伟行李票上，交徐州站，请你站按章处理。
注：1. 站、车需要编制记录时均适用。 2. 本记录不能作为乘车凭证。 ~~站~~段 编制人员 T134 次列车行李员　××（印） 站段 签收人员　（印） 2021 年　6 月 9 日编制

图 3-22　客运记录（012 号）

客统-1

沈 阳 铁 路 局

客　运　记　录

第　013　号

记录事由：移交破损行李
徐州站行李房：
发货人孙伟于 2021 年 6 月 9 日从大连站发往徐州 1 件行李（票号 X000004）
中夹带的食用油两瓶破损外溢，将 2021 年 6 月 9 日发货人大连第四服装厂王欣
由大连发往蚌埠的服装 1 批 5 件中之 1 件（票号 G000005）污损。请你站与蚌埠
站联系，并按章处理。
注：1. 站、车需要编制记录时均适用。 2. 本记录不能作为乘车凭证。 ~~站~~段 编制人员 T134 次列车行李员　××（印） 站段 签收人员　（印） 2021 年　6 月 9 日编制

图 3-23　客运记录（013 号）

模块4
特定运输

任务4.1　包车运输

1. 特定运价

1）含义

特定运价是针对一些特殊运输方式和特殊运价区段而特别规定的客运运价。

2）种类

（1）包车、租车、挂运、行驶等运价。

（2）国家铁路、合资铁路、地方铁路及特殊运价区段间办理直通过轨运输的运价。

2. 包车

凡旅客要求单独使用加挂车辆（含普通客车、公务车）或加开专用列车（含豪华列车）时，均按包车办理。

1）包车运价

（1）票价。

① 座车（含合造车的座车部分），按座车种别、定员核收全价客票票价。

成人与儿童（包括享受减价优待的学生、伤残军人等）混乘一辆包车时，按票价高的核收，如实际乘车人数超过定员时，对超过的人数按实际分别核收全价或半价客票票价。

② 卧车（含合造车的卧车部分），按卧车种别、定员核收客票及卧铺票的全价票价。

③ 公务车，按40个定员核收软座客票及高级软卧票（上下铺各1/2）的全价票价。

④ 豪华列车，每辆按32个定员核收软座客票及高级软卧票（上下铺各1/2）的全价票价。

⑤ 包用的客车、公务车加挂在普通快车、快速列车上或加开的专用列车、豪华列车按上述等级的快车速度运行时，都应根据核收客票票价人数核收相应的加快票价。途中发生中转换挂（或开行）不同列车等级时，按首次挂运（或开行）的列车等级核收加快票价。

目前规定，包用的上述车辆满足规定的条件加挂在新型空调列车或特快列车中，票价不随之上浮。

（2）娱乐车、餐车使用费和空调费。

① 使用费。每日每辆5 000元，餐车合造车每日每辆2 500元，不足一日按一日核收。

② 空调费。按使用费的25%计费（以元为单位，角值四舍五入）。

（3）运价。

行李车（含合造车的行李车部分），按车辆标记载重核收行李或包裹运费。用棚车代用行李车时，按行李或包裹的实际重量核收行李或包裹运费，起码计费重量按标记载重的1/3

计算（不足1 t）的尾数进整为1 t。行李、包裹混装时，按其中运价高的核收。

（4）加开专用列车、豪华列车时，隔离车或宿营车不另计费。如用隔离车装运行李、包裹时，应核收包车运费。

（5）包车全部运行途中，里程采取通算。

（6）包车停留费。

包车停留费是指包车或加开的专用列车，根据包车人提出的要求，在发站、中途站、折返站停留时（因换挂接续列车除外），所应付的费用。

包车停留费按每日每辆核收，并根据产生停留的自然日计算，即自0:00起至24:00止为1 d，停留当日不足12 h减半核收。

包用娱乐车、餐车，1 d内同时发生停留费、使用费两项费用时，只收一项整日费用。

（7）空驶费。

空驶费是指包车人指定要在某日包用某种车辆，而乘车（装运）站没有所需车辆，需从外站（车辆所在站）向乘车（装运）站空送时，以及用完后送至车辆原所在站，所产生空驶的应付费用。

对车辆空驶区段（里程按最短径路并采取通算），不分车种，按每车公里核收空驶费，但棚车不核收空驶费。

2）包车定金

在签订包车合同的同时应预交运费20%的定金。

3）包车变更费用的计算

包车人包用的车辆，由于某种原因需要变更时，可以办理包车变更，但包车人在未交付运费前取消用车计划时，定金不退。如已交运费时，则按下列规定办理：

（1）包车人在始发站停止使用时，除退还已收空驶费与已产生的空驶区段往返空驶费差额外，其他费用按以下方式计算。

① 开车前48 h（包括48 h）之前退还全部费用，核收票价、使用费、运费10%的停止使用费。

② 开车前6～48 h退还全部费用，核收票价、使用费、运费20%的停止使用费。

③ 开车前不足6 h退还全部费用，核收票价、使用费、运费50%的停止使用费。

④ 开车后要求停止使用时，只退还尚未产生的包车停留费。

（2）包车人在始发站延期使用。

① 在开车前6 h（包括6 h）之前提出时，按规定核收包车停留费。

② 在开车前不足6 h提出时，核收票价、使用费、运费50%的延期使用费，并重新办理包车手续。

（3）包车人在中途站延长使用区段或延长停留时间时，须经中途变更站报请铁路局同意后，核收票价、运费、使用费或包车停留费。

中途缩短停留时间或缩短使用区段时，所收费用不退。

(4) 包车人在中途站要求变更径路时，应补收新旧径路里程的票价、运费差额。要求变更到站时，应补收自变更站至新到站与自变更站至原到站的票价、运费差额。

变更径路、到站均不退还票价、运费差额。

如包车中承运人违约，应双倍返还定金。

任务 4.2 租车及租用、自备车辆的挂运和行驶

1. 租车费

租车人向承运人租用客运车辆时，租用人应与承运人签订租车合同。厂矿、企业等单位租用铁路客车在本单位使用时，按包车停留费标准，按日核收租车费。单独租用发电车时，租车费为每日每辆 2 100 元。

2. 挂运和行驶费

1) 挂运

租用客车或企业自备客车在国家铁路的旅客列车或货物列车中挂运时，按下列标准核收挂运费。

(1) 空车不分车种，按每轴每千米 0.534 元核收。在客运列车中挂运的空客车随车押运人员应购买所挂列车等级的硬座票，随货物列车挂运的空客车的随车押运人员，按货运押运人收费标准核收押运费。

(2) 重车。

① 客车。按标记定员票价的 80%核收。

② 行李车。按标记载重运费的 80%核收。

③ 餐车、娱乐车、发电车。按租车费的 80%核收。

2) 行驶费

企业自备机车、车辆或租车，利用国家铁路线路运行时，不论空车或重车，均按每轴（含机车轴数）每千米 0.468 元核收行驶费。

铁路机车车辆工厂（包括车辆研究所）新造车或检修车出厂在正式营业线上进行试验时，同样收取挂运费和行驶费。

军运、邮政部门租车和自备车辆挂运及行驶，按军运和邮运有关规定办理。

租车费、挂运费、行驶费均以元为单位，角值四舍五入。

任务4.3 旅游列车

1. 定义

旅游列车是指由旅行社等单位（以下简称包车人）往返全部包用、运载旅游团体旅客的列车。

2. 编组

开行旅游列车应当在列车始发站（局）具备相应的旅游客流量。开行跨局旅游列车的，载客车辆不少于14辆；经过限制区段的，载客车辆为限制牵引辆数减3辆；宿营车只能使用1辆。

3. 票价计算

旅游列车票价按相应的设备条件和标记定员的90%核收，车辆标记定员不足32人的按32人计算；使用豪华车辆（每辆车定员不足20人）的另核收服务费。使用宿营车内铺位时，按实际铺位计费。旅游列车实际运行技术标准高于前述规定的，按相应等级核收票价。旅游列车实际享受上述优惠后，不再同时享受其他任何形式的票价优惠。旅游列车单程里程通算计算票价；运行径路涉及国铁、地铁、合资铁路等特殊运价区间的，可分段计算，加总核收。

4. 空驶费

旅游列车在始发站发车前及终到站停车后，因调用车辆产生空驶的，不收取空驶费。因为旅游列车的定义是指由旅行社等单位（包车人）往返全部包用、运载旅游团体旅客的列车，即旅游列车从始发站至终到站往返全程中，如有空驶区段应已计算在票价中，不存在空驶费，因此，旅游列车不存在空驶费问题。

5. 使用费

旅游列车编挂一辆餐车时，不收使用费；超过一辆时，对超过部分核收相应等级硬卧车标记定员票价。旅游列车编挂娱乐车、会议车时，均按相应等级硬卧车标记定员票价核收使用费。

6. 停留费

旅游列车中途站停留24 h、折返站停留48 h以内的，免收停留费。超过上述时限的，自超过时起，不足12 h的，按半日核收停留费，超过12 h但不超过24 h的，按1 d核收停留费。

7. 票据填写

包车费用由始发站使用代用票一次收清，其他站、车不得再另外收取任何费用。代用票交包车人持有，并另复印一张交折返站。两个以上（含本数）单位共同包用一列车时，可以按包车人数量出具代用票。填写代用票时，发、到站栏填写示例如下：

北京—广州

广州—北京

旅游列车不从原径路返回时，按实际径路计算，以距始发站最远的停车站作为折返站填写票据。代用票记事栏应当载明团体旅客证的起止号。经由栏必须按列车实际经由填写。两个以上（含本数）单位同时包用一列车时，应当由一个牵头单位作为包车人。

8. 团体旅客证

旅游列车按标记定员数发放团体旅客证。团体旅客证随代用票使用有效。旅客进、出站时，应当出示团体旅客证，包车人应当派员随同并出示代用票。站车工作人员应当认真核对团体旅客证和代用票。

旅客不能凭团体旅客证办理改签、变径或退票。旅客中途下车中止旅行的，团体旅客证失效；恢复旅行时，应当另行购票，但因铁路责任造成的除外。

9. 中途下车

旅客旅行途中因伤、病需中途下车时，应当编制客运记录，载明系旅游列车旅客并记录代用票票号，交列车前方停车站。包车人应当派员陪同处理。

团体旅客乘车证如图 4-1 所示。

图 4-1　团体旅客乘车证（规格：86. 4 mm×54 mm）

模块5
路内运输

任务 5.1 铁路乘车证

《铁路乘车证管理办法》（铁劳〔1994〕142 号）于 1994 年发布，1995 年 1 月 1 日起实行，由于近年来，铁路机构改革，相关情况发生变化，但为体现文件的完整性，本书未对部分内容进行删除。

1. 使用乘车证人员范围

铁路职工和符合相关规定可以使用铁路乘车证的其他人员。

2. 乘车证种类

新版铁路乘车证共分 9 种（将原定期通勤与通勤（学）乘车证归并为一个票种），均为单页。各种全年定期乘车证（除就医外）统一为横版，其他乘车证为竖版。版面颜色分三种。

（1）硬席全年定期乘车证，浅蓝色。

（2）软席全年定期乘车证，浅粉色。

（3）硬席临时定期乘车证，浅蓝色。

（4）软席乘车证，浅粉色。

（5）硬席乘车证，浅蓝色。

（6）通勤乘车证，浅黄色。

（7）就医乘车证，浅黄色。

（8）便乘证，浅蓝色。

（9）探亲证，浅黄色。

3. 乘车席别的规定

1）准乘软席的人员范围

（1）国铁集团正、副部级和相当职级的人员；

（2）正副司局长和相当职级的人员；

（3）教授和相当专业技术职务的人员；

（4）经国家和国铁集团批准的“有突出贡献的专家”；

（5）年满五十周岁的正、副处长和相当职级的人员；

（6）年满五十周岁的副教授和相当专业技术职务的人员（本办法实施前，已按规定享受软席的专业技术人员，可继续享受）；

（7）一九三七年七月六日前参加革命工作的干部；

（8）国铁集团副部级和相当职级以上人员，因工作需要准许随行人员一人填发软席乘车证；

（9）受处分降低职务、工资级别的人员，应按降低后的职务、工资级别确定其能否享受乘坐软席待遇。

2）准乘硬席的人员范围

除以上规定以外的其他铁路职工和符合相关规定的其他人员准乘硬席。

4. 因公乘车及乘车证的使用范围

铁路职工因公出差、驻勤、开会、组织选派出入院校、调转、搬家、在本管辖区段内流动性生产（工作）均属因公乘车。

1）全年定期乘车证

凡因工作需要，必须经常在所管辖区段内铁路沿线往返乘车的铁路职工，可使用所管辖区段内的全年定期乘车证。

（1）国铁集团机关、直属公司和机械保温列车乘务员准予填发“全国各站”全年定期乘车证。

（2）铁路局机关准予填发本铁路局管内全年定期乘车证。

铁路局机务、车辆、客运、动车段的运转主任、乘务主任、车队长、业务指导、指导员，公安押运队队长、押运人员、指导员可使用其担当乘务区段内的全年定期乘车证。

（3）工程局、设计院机关准予填发区段内的全年定期乘车证。

（4）工厂、院校等单位，一般不使用全年定期乘车证，但单位党政正职可填发本单位所在地至上级机关所在地的全年定期乘车证；有固定区域的材料采购或检修人员，根据工作需要经严格审查批准可使用固定区域内的全年定期乘车证。

（5）持用全年定期乘车证的各铁路单位的领导及运输业务人员，确实经常赴直属上级机关或随车工作的，其乘车区间可填发管辖区段至直属上级机关所在地或乘务区段的终到站。

（6）全年定期乘车证的乘车区间，如管辖区段的最末一站不是快车停车站，可填到管辖区段的前方一个“直快”停车站。

2）临时定期乘车证

因工作需要短期内须在一定区段内连续往返乘车或一次出差到几个地点又不顺路的，可使用一定区段内的临时定期乘车证。

（1）临时定期乘车证的到站，除国铁集团机关外，不能填“××局管内各站”，更不能填“全国各站”，应根据本次出差的实际需要填写。

（2）一次出差到一条线的几个站，可填到最远站；一次出差到几条线又不顺路者，可按线填最远到站，但不能超过三个到站。

3）软席、硬席乘车证

因工作需要一次性外出乘车，可使用软席、硬席乘车证，乘车区段及期间按实际需要填发，单程或往返一次有效，除转乘外，中途下车无效。

（1）铁路在职职工经组织批准入大、中专、技工学校学习时，职工所在单位填发一张工作地（或居住地，下同）至学校所在地的单程乘车证；寒暑假需回原工作地或出校时，可由职工所在单位填发由学校至原工作地的往返乘车证或单程乘车证（出校），填发期间应严格按入校、出校和放假的实际时间掌握，使用别填“学习”。

（2）铁路在职职工经组织批准考入相关院校的函授生，脱产参加教学计划规定的集中面授、考试等教学活动时，所在单位凭学校的通知书，填发工作地至参加教学活动地点的往返乘车证。

（3）职工调转、搬家只能使用单程乘车证。职工调转后接家属到工作地的，职工本人填发一次往返乘车证，其家属填发单程搬家乘车证（必须持有转移户口的证明）。家属持用往返搬家乘车证，视为无效。

（4）退休人员搬家可比照在职职工使用乘车证。离职、辞职职工及其调出路外的职工赴任或搬家，不予填发乘车证。

（5）铁路职工调动工作，其配偶属非使用乘车证范围的，随同调动时，不能使用乘车证。

（6）职工调转搬家，家属与职工同行时，可与职工使用同等席别。

（7）国铁集团组织的专家休假，符合使用乘车证条件的家属（限一人）与职工同行时，可与专家使用同等席别。

5. 乘务便乘

机车乘务员、运转车长在规定担当乘务的区段内便乘时（不包括调车机车、小运转及出入厂取送机车），可由段、折返段乘务室、驻在所（站）值班员填发便乘证，按指定日期、车次一次乘车有效。便乘到达目的地后，应由值班员收回便乘证，予以注销，月末集中交回填发单位。

机车车辆中途发生故障，机务段、车辆段检修工人去修理，应填发一次硬席乘车证，不能使用便乘证。

6. 调度命令乘车

事故救援与抢险救灾，由于时间紧迫来不及填发乘车证时，可凭调度命令乘车，一次乘车有效。

装卸工（包括委外装卸工）到外站装卸车，可按货运有关部门规定使用调度命令乘车。

7. 通勤乘车

1）定期通勤乘车

符合享受一年一次探亲待遇条件的职工，其工作地至家属居住地在600 km以内（铁路局工程、大修部门流动施工的职工，在局管辖范围内可不受600 km限制）能利用节假日或休班时间回家的，在不享受国家规定的探亲假的前提下，可填发定期通勤乘车证，有效期为一个历年。

2）通勤乘车

（1）职工工作地至家属居住地在300 km以内，上下班有适当列车可乘，不影响出勤、工作和休息的，需通勤时，可使用通勤乘车证，有效期为一个历年。

（2）铁路局工程、大修部门流动施工的职工，符合使用通勤乘车证条件的可不受300 km限制（限600 km以内），其通勤乘车证可填写施工段至家属居住地，但不能超过局管辖范围。

（3）铁路职工到其他单位驻勤，符合通勤条件的，可按规定使用通勤乘车证。

（4）职工家属居住地在工作地（夫妻同居一地），其父、母、子、女在外地，不能填发到父、母、子、女所在地的通勤、定期通勤乘车证。

（5）铁路职工入一年以内短训班、进修班、符合通勤条件的，可按规定使用通勤乘车证。

8. 就医乘车

（1）在沿线居住的职工及其供养的直系亲属，如当地无铁路医疗单位，须赴负责本医疗区段的铁路卫生所、医院就医时，可使用定期就医乘车证。具体填发方法是：将就医乘车证粘在就医乘车证卡上，按要求填写后，在骑缝处加盖单位公章。

（2）定期就医乘车证一年填发一次，有效期为一个历年。

（3）定期就医乘车证的到发站，有效期一律用戳记加盖。

（4）铁路职工及其供养的直系亲属患病在本医疗区段的铁路卫生所不能医治，需转往本医疗区段的医院医治时，由卫生所填发一次往返就医乘车证。需连续医疗时，凭医院证明，可填发临时定期就医乘车证，有效期均不得超过三个月。

（5）患者病重或幼儿需要护送者，由卫生所为护送人（符合使用乘车证条件人员）与患者填发同一张就医乘车证，注明护送人。此乘车证在医疗完毕后，必须由医疗单位盖章，交回原填发单位。

（6）就医乘车证不能跨医院管辖的医疗区段，更不能跨局。

（7）除铁路沿线卫生所外，其他单位不得再为职工、家属填发就医乘车证。

9. 通学乘车

（1）沿线职工供养的子、女、弟、妹，由居住地至中、小学校在50 km以内，需要乘车通学时，可使用通学乘车证。

（2）通学乘车证的有效期间为一个学年，于每年新学年开始之日起一个月内换发，在此期间新旧乘车证可交替使用。

10. 乘车证的填发和使用

1）乘车证的申请

（1）职工、家属使用乘车证必须提出书面申请。临时定期、软席、硬席、探亲乘车证应先填写“乘车证申请书”；全年定期、定期通勤、通勤、通学、定期就医乘车证应统一填写“××乘车证申请名册”。

（2）申请书和申请名册各项目要填写详细、清楚，不得涂改，填发人员不能为涂改后的申请书（申请名册）填发乘车证。

（3）申请书应与填发的乘车证相对应，内容必须一致并按顺序装订成册，按规定交付的有关证明应附在申请书后一并装订备查。

2）乘车证的审批

（1）职工、家属使用乘车证必须经单位主管领导批准。单位领导审核同意后在乘车证申请书和申请名册上签字。

（2）单位主管领导在审批乘车证时，必须验看应附带的有关证明，如：审批探亲乘车证时需验看探亲证明；审批陪护用乘车证时需验看医疗单位出具的陪护证明等。

（3）在审批有两个及两个以上到站的乘车证时，单位领导应在申请书上批签同意所赴的目的地。

（4）单位领导必须在规定的范围内履行审批职责，任何组织或个人都无权超出铁道部（国铁集团）的规定特批各种乘车证。

3）乘车证的填发

（1）单页两联存根式乘车证用钢笔填写，字迹要工整、清晰，严禁填发、使用涂改的乘车证。

（2）各种乘车证（全年、临时定期乘车证除外）每张只限填发一个到站。由始发站至到达站有直达列车的，一般应乘直达列车；因签证原因不能乘直达列车的，可在同一方向中转换乘（限换乘一次），经换乘站签证后，可继续乘车至到站。

（3）填发乘车证时，乘车人员的姓名、性别、年龄、职务、工作证号码均应填写清楚，并要求乘车证（全年定期乘车证除外）的有效期间和出差证明、探亲证明等的外出时间一致。

（4）实行一人一票制。除探亲、就医乘车证外，其他各种乘车证每张限填发一人使用。

（5）乘车证上的“使用别”栏须根据外出任务或用途按下述项目填写：出差、驻勤、调转、搬家、入学、疗养、转院、学习、实习、施工等。乘车证上备用而不用的项目均应抹销。

（6）填发全年定期、定期通勤、通勤、通学乘车证均须粘贴使用人近期一寸半身免冠相片，并加盖填发单位钢印。“填发单位”栏盖单位名称横戳。

（7）其他乘车证的“填发单位”栏应加盖填发单位“乘车证专用章”。

（8）各种乘车证在乘车证“计×人”上或相片下端加盖填发人名章。

（9）职工一人不准同时填发、使用两张及两张以上乘车证。

（10）软席、硬席乘车证的始发站填写职工工作地；定期通勤、通勤、通学、定期就医的始发站填写职工、家属的居住地；便乘证的始发站填写职工工作地或退乘地。

4）乘车证准乘列车的规定

（1）持用全年定期、临时定期、软席、硬席乘车证和便乘证，在正式或临时营业铁路上准乘各种旅客列车（国际列车除外）。

（2）持用探亲乘车证准乘除国际、旅游列车以外的各种旅客列车。

（3）持用通勤、定期通勤乘车证准乘各种旅客列车（国际列车除外）。

（4）持用通学、就医乘车证准乘快车和普通旅客列车。

（5）持用铁路全年定期、临时定期软席、硬席乘车证均可乘坐空调可躺式客车。

任务5.2 路外人员使用乘车证及特种乘车证

1. 路外人员使用乘车证

根据《铁路乘车证管理办法》，路外有关人员乘车需遵循以下规定。

（1）驻铁路局、车站军代处军事代表因公外出乘车时，可由驻地铁路局填发乘车证。副师职及其以上的领导干部（不受年龄限制）可填发软席。其他人员一律填发硬席。

（2）驻铁路沿线守护铁路桥隧的人民武装警察部队执勤人员及上级直接主管人员，在其管辖区域内执行任务时，可由驻地铁路局填发全年定期乘车证。

① 人民武装警察部队总队主管可填发管辖区域内的全年定期乘车证。

② 人民武装警察部队支队、大队、中队队部主管人员可填发其管辖区域内至上一级单位所在地的全年定期乘车证。

③ 执勤人员填发由驻地至执勤点的全年定期乘车证。

④ 上述人员乘车时除应持有乘车证外，还必须持用通行证（介绍信）及有关身份证明。符合乘坐软席条件的，可填发软席乘车证。

（3）驻铁路的兽医站及驻站检疫人员，在管辖区域范围内工作乘车时，可由铁路局填发临时定期或往返乘车证。

2. 特种乘车证

1）全国铁路通用乘车证

全国铁路通用乘车证是中国国家铁路集团有限公司（以下简称国铁集团）根据国家安全、公安、司法和机要部门执行特殊任务的需要所签发的特种证件。持此证可优先进站和乘坐全国各线、各次旅客列车（国际列车、广九直通车及联运车厢除外）的软、硬座席和卧铺，但持证人应出示相应的工作身份证件，发现不符的，站、车工作人员应收回乘车证并上报国铁集团。

全国铁路通用乘车证的票价由国铁集团确定并由使用单位在购票时与国铁集团统一结算。

全国铁路通用乘车证记录的主要内容如图 5-1 所示。

全国铁路通用乘车证

使用区间：通用全国各线

使用时间：自至20 年 月 日

规定事项：

（1）本证需加盖国铁集团印章始能有效，过期作废；

（2）持本证可乘全国各线、各种旅客列车的软、硬座和卧车（另有规定除外）；

（3）本证需与使用人工作证同时使用；

（4）如有丢失请立即通知填发单位。

中国国家铁路集团有限公司

20 年 月 日填发

图 5-1　全国铁路通用乘车证记录的主要内容

2）中央和各省、市、自治区机要部门使用的软席乘车证

中共中央办公厅机要交通局和各省、市、自治区党委机要交通部门利用火车传递机要文件时，铁路局应拨给软卧包房一间，无软卧包房时也可拨给其他席位。中央和各省、市、自治区机要部门使用的软席乘车证如图 5-2 所示。

字第______号

软席乘车证

乘车区间自______站

至______站

有效期间自 20______年______月______日起

至 20______年______月______日止

签发单位：

注意事项

1. 乘车时必须携带此证。
2. 遇列车长、乘警检查时必须出示此证。
3. 此证只限乘坐确定的包房或席位。
4. 此证不得转借他人。
5. 持证人必须遵守铁路一切规章。

图 5-2　中央和各省、市、自治区机要部门使用的软席乘车证

3）邮政部门使用的机要通信押运人员免费乘车证

（1）邮政部门机要通信人员包括押运员、检查员。

（2）持有“机要通信押运人员免费乘车证”的人员只限乘坐邮车及铁路指定的座席。

（3）邮政部门运送机要文件单独租用或机普合押使用的邮车及固定容间时，机要押运人员每次列车限乘两人，搭乘邮车及固定容间，须持有“机要通信押运人员免费乘车证”。

机要通信押运人员免费乘车证记录的主要内容如图 5-3 所示。

机字第______ 职务______ 押运区间______ ______________________ 注意事项 一、押运时必须携带此证。 二、此证只准乘坐邮车和指定座席。 三、此证除押运员使用外，不得转让他人使用，否则按铁路规章办理。 四、铁路一切规章，持证人均应遵守。	有效期间 自20______年______月______日起 至20______年______月______日止 填发单位章

图 5-3　机要通信押运人员免费乘车证记录的主要内容

4）邮政部门押运员免费乘车证

邮政部门挂运专运车厢和使用固定容间及加挂车、运邮车，均应派员押运。邮政部门押运员出乘时，应持有列车编组担当铁路局或指定铁路局加盖公章的押运员免费乘车证，只限乘坐邮车及铁路指定的区间。

押运员免费乘车证记录的主要内容如图 5-4 所示。

字第______号	
管辖局	
职务	
押运区间	
注意 一、押运时，必须携带此证，以备检查。 二、此证只准乘坐邮车。 三、此证除押运员使用外，不得转让他人使用，否则按铁路规章办理。 四、此证丢失时，立即失效。 五、铁路一切规章，持证人均应遵守。	

有效期间 自20______年______月______日起 至20______年______月______日止

图 5-4　押运员免费乘车证记录的主要内容

5）邮运视导员免费乘车证

邮政部门视导人员凭当地铁路局盖章的邮运视导员免费乘车证，随车检查所辖各线邮运工作，只限乘坐邮车。

邮运视导员免费乘车证主要记录的内容如图 5-5 所示。

邮运视导员免费乘车证
字第______号
一、职务：______局______员
二、姓名：______
三、年龄：______
四、视导区间：______
五、有效期间：自______年______月______日
至______年______月______日止
铁路局章　　照片
_____年__月__日填发

注意
一、视导时必须携带此证，以备检查。
二、此证只准乘坐邮车。
三、此证除视导员及必要时添派的工作人员使用外，不得转让他人使用，否则按铁路规章办理。
四、此证期满后，应立即交还铁路局注销。
五、铁路一切规章，持证人均应遵守。

图 5-5　邮运视导员免费乘车证主要记录的内容

6）口岸站的海关、边防军、银行使用的往返免费乘车证明

海关、边防军及银行办理进出国境站旅客、行李查验及兑换货币等工作，在停车时间内来不及完成上述工作时，国境站根据海关、边防军、银行的要求，可填发国境站与最近停车站之间往返免费乘车书面证明，在国内区段随车工作，并准许利用乘务员房间，工作完毕后随最近列车返回国境站，将往返免费乘车证明交车站注销。

7）中华人民共和国铁路免费乘车证

中华人民共和国铁路免费乘车证由国铁集团对外合作部门签发，供我国铁路邀请的外宾在我国国内使用，可乘坐我国铁路担当的各次旅客列车的软、硬席和卧铺。该证用后不收回，赠送外宾留念。陪同外宾的我国工作人员，凭注有“陪同”字样的中华人民共和国铁路免费乘车证和工作证及批准证明享受上述同等待遇，但乘车证用毕应立即交回。

8）用于到外站装卸作业及抢险的调度命令

进行事故救援与抢险救灾时，由于时间紧迫来不及填发乘车证明，可凭调度命令乘车，一次乘车有效。装卸工到外站装卸车，可按有关规定，使用铁路局调度命令乘车。

此外，国务院铁路主管部门邀请的其他政府部门和新闻单位检查铁路工作时，凭全国铁路免费乘车证可乘坐除国际列车以外的各种等级、席别的列车。

模块6
非正常情况应急处置

任务 6.1　高铁列车非正常情况应急处置

1. 动车组（高铁）列车发生火灾、爆炸的应急处置

1）发生初起火情时

（1）初起扑救。当乘务人员发现初起火情时应因地制宜采取水浇、脚踏、灭火器等方式进行扑救，同时报告列车长，列车长接到通知后，会同随车机械师、乘警到现场确认，根据现场实际情况处置，发生电器火情时应立即断电。

（2）现场扑救。列车长指挥扑救，乘警、随车机械师、餐车售货员、列车员等列车工作人员要积极配合，稳定旅客情绪。

（3）彻底排查。列车长组织乘警进行彻底排查。确认车上无火险火情后，列车长通知司机恢复供电。

（4）调查取证。列车长、乘警向目击旅客了解起火情况，获取 3 份以上旅客证言。

（5）及时报告。列车长及时向段调度室汇报情况（包括：起火部位、起火时间、车体状况、旅客情况）。

2）火势仍未得到有效控制，需向地面疏散时

（1）报告救援。列车长立即通知司机，同时通知列车员将发生火情车厢旅客向邻近安全车厢疏散，并通知随车机械师、列车员在发生火情车厢旅客疏散完毕后关闭两端防火隔断门；司机根据列车长的请求，向列车调度员报告，申请向地面疏散，请求现场救援。

（2）立即停车。在确认发生火灾后，列车工作人员应立即使用紧急制动阀停车，同时列车长（或随车机械师）立即通知司机。停车后，司机应立即向列车调度员或车站值班员报告，配合列车长、随车机械师、乘警进行火灾扑救、旅客疏散等工作。

（3）设置防护。有制动停放装置的列车由司机负责实施防溜，无制动停放装置的列车由随车机械师做好防溜、防护工作。

（4）组织疏散。列车长接到疏散命令后，组织人员疏散旅客，列车员打开列车运行方向左侧车门，随车机械师和乘务员安装好应急梯，做好防护，组织旅客向地面安全地带疏散。列车工作人员应利用扩音器、引导旗（白天）、爆闪灯（夜间）组织好旅客向指定安全地点有序疏散，并照顾好重点旅客，确保人员安全。列车长、乘警确认人员疏散情况，最后下车。

（5）调查取证。列车工作人员要积极配合公安部门保护好事故现场，协助公安人员调查取证。

2. 动车组（高铁）列车遇有旅客伤、病的应急处置

1）发现旅客受伤时

（1）立即报告。发生旅客意外伤害时，列车员应立即到场了解情况，迅速报告列车长、乘警到场处理。

（2）调查取证。列车长、乘警应到场通过列车广播寻找从事医务工作的旅客，指派“红十字”救护员采取急救措施，调查受伤旅客、责任旅客、目击者相关信息，收集不少于2份书面证实材料。

（3）妥善处理。列车长应编制客运记录移交前方车站处理，并拍发列车电报声明。如受伤旅客要求继续乘车，可移交旅客到站或换乘站处理；如旅客伤情严重，必须临时停车送医院抢救时，列车长应报告司机，由司机向调度员汇报，由铁路局客运调度员安排临时停车就医治疗；来不及编写客运记录时，列车乘务人员应在三日内补交相关材料。

旅客人身伤害事故系治安或刑事案件所致，由乘警做“三联单”移交车站派出所处理。列车长编制客运记录，由乘警在客运记录上签名，同时拍发事故速报。

（4）信息反馈。列车长及时将旅客受伤情况向段派班室、车队汇报。

2）发现旅客突发疾病时

（1）立即救治。列车运行中遇有旅客因伤、病必须临时停车抢救时，列车长应立即携带急救药箱赶赴现场并通过广播寻找从事医务工作的旅客组织救治。

（2）及时报告。列车长及时通知司机请求在前方站停车（安排列车在前方有医疗条件车站临时停车），立即向列车调度员或车站值班员报告，报告内容包括是否需要前方车站协调救护车到站抢救。

（3）办理交接。按章与车站办理交接，列车工作人员不下车参与交接。

3. 动车组（高铁）列车车门发生故障的应急处置

1）到站时车门出现故障

动车组（高铁）列车到站停稳后，自动开关门装置故障（停车超过5 s，车门仍未激活）时：司机使用对讲机通知随车机械师和列车长，列车长负责组织列车员手动开车门；随车机械师到场处理相关故障。

2）发车前车门出现故障

列车长立即将车门故障情况通知司机，并通知随车机械师处理。

3）运行中车门发生故障

发现或接到车门故障报告后，立即将靠近故障车门的内端门和防火隔断门锁闭；同时使用对讲机通知列车长；列车长通知随车机械师进行处理。

4. 动车组（高铁）列车晚点的应急处置

1）晚点超过15 min时

列车长联系列车运行所在铁路局客运（客服）调度员或通过司机联系列车调度员及车站

值班员，了解晚点原因和列车运行情况并向段调度室汇报。

列车长接到铁路局关于晚点原因和预计晚点时间的通知后，通过广播向旅客告知晚点原因，如为铁路原因晚点，要代表铁路部门向旅客致歉，每次致歉间隔时间不超过 30 min。

2）晚点超过 30 min 时

列车长组织列车工作人员加强车内巡视，掌握旅客动态，维持好车内治安秩序，并做好宣传和服务工作，列车长逐车口头向旅客致歉，并做好解释工作，稳定旅客情绪；并向铁路局客运（客服）调度员进行反馈。

3）晚点超过 1 h

列车工作人员应加强车厢巡视，列车长在巡视车厢时，重点关注重点旅客，发现旅客突发疾病时应及时通过广播寻找从事医务工作的旅客进行救治，并向铁路局客运（客服）调度员报告，安排前方有医疗条件的停车站下交处理。逢用餐时间需向旅客发放免费餐食时，列车长提前统计车内人数，确定所需要食品种类和数量，确定交接位置，并向铁路局客运（客服）调度员报告，接到免费餐食后与车站办理签字交接，组织列车乘务人员免费发放。

4）列车因晚点需要在前方站补充食品和饮用水时

列车长提前与前方站取得联系，安排专人在指定车门位置等候并与车站办理交接。车站向因故晚点动车提供救援食品时，单组确定为 3 个位置，重联时确定为 6 个位置，乘警要到场配合维持秩序，防止出现哄抢事件。具体车门位置：单组 1、2 车门处，4 车门处和 7、8 车门处；重联为 1、2 车门处，4 车门处，7、8 车门处，9、10 车门处，12 车门处和 15、16 车门处。

5. 动车组（高铁）列车在站内或区间发生故障需启动热备动车组转乘的应急处置

1）转乘准备

接到动车调度员或上级部门临时调换车体命令后，要第一时间进行命令确认，确认内容为转乘车站、转乘站台、车体号码、转乘时间、整备情况、备品情况、运行路线等，确认后，立即组织转乘准备。

2）组织分工

列车长立即召开“五乘”会议，向工作人员通报故障情况，做好工作分工，选聘旅客代表，共同做好旅客安抚和组织工作，严禁持其他车次车票的旅客上车。

3）组织换乘

（1）换乘前。组织列车工作人员按分工做好广播宣传、车内引导、安全防护等工作，重点对“老、幼、病、残、孕”等重点旅客进行照顾。

（2）换乘中。由救援动车组司机和列车长负责对准故障动车组车门，救援动车组停稳后，救援动车组列车长与被救援动车组列车长联系确认后组织乘务组人员手动打开指定车厢车门（随车机械师配合），放置好渡板（未配置渡板的动车组除外），会同公安、客运等应急人员共同做好防护、组织旅客有序换乘。对由于线路、动车组重联等无法实现各车厢车门对位时，应使用应急梯。安设 2 个及以下应急梯或渡板时，救援动车组列车长负责组织放置；放置超过 2 个应急梯或渡板时，救援动车组列车长负责组织放置 2 个，被救援动车组列车长负责组织放置其他应急梯或渡板。

（3）换乘后。旅客换乘完毕，被救援动车组列车长组织乘务组人员对全列进行检查确认后，通知救援动车组列车长换乘完毕。救援动车组列车工作人员将应急梯或渡板收好，定位存放，列车长确认所有工作人员及旅客均已上车后，关闭车门并报告救援动车组司机具备开车条件。被救援动车组乘务组人员将应急梯或渡板收好，定位存放，关闭车门并报告被救援动车组司机。

（4）隧道换乘。在隧道内换乘，需开启隧道应急照明时，列车长通过司机向列车调度员提出开启隧道应急照明请求，列车调度员通知相关工务段开启隧道内的应急照明装置，隧道内的应急照明装置应设置远动开关。

（5）具体分工。故障车负责架设 3、6 车应急梯，救援车负责架设 1、8 车应急梯。具体分工为：列车员负责 1、2、3、4、7、8 车，餐售人员负责 5、6 车；重联时按相应车厢对应。旅客换乘完毕，各节车厢列车员确认旅客乘降完毕后向列车长进行汇报，列车长巡视车厢检查有无漏换旅客及遗失品，并与车站或热备列车长做好交接。随车机械师将应急梯收好，定位存放，列车长通知司机关闭车门。

4）及时汇报

列车长及时将换乘情况向段调度室汇报。

6. 动车组（高铁）列车空调故障的应急处置

（1）发生空调故障时，列车长第一时间通知随车机械师到场处理。列车长向旅客说明情况并做好解释和致歉工作，其他车厢有剩余座位时要及时将故障车厢旅客引导到其他车厢。列车长坚守在空调故障车厢，随时掌握旅客动态，加强服务，保证供水，发现异常要做好安抚工作，遇有空调故障无法修复时，列车长要及时向客运（客服）调度员汇报。

（2）空调故障超过 20 min，且应急通风功能失效或通风状态无法满足要求时，列车长视车内温度及通风情况做出打开车门决定，并通知动车组司机转报列车调度员；需要打开列车部分车门运行时，列车长通知动车组司机向列车调度员提出在前方客运站停车请求。在列车调度员指定的前方客运站停车后，列车长根据动车组乘务人员配置情况，组织打开运行方向左侧（非会车侧）4～8 个车厢前门，并在车门处安装防护网。列车长根据需要打开车门数量通知随车机械师准备好防护网，并指派列车员到存放处领取防护网，列车长组织乘警、随车机械师、餐饮服务员、列车员配合进行防护网的安装。在停车站，防护网安装后，由列车长组织乘警、随车机械师、添乘干部、餐售人员负责值守，严禁旅客自行下车。动车组乘警在第一时间通知前方停车站（区间）所属公安处，由公安处负责第一时间通知停车站（区间）

所属派出所指派警力，配合动车组工作人员。列车长确认值守人员到位（值守时工作人员要站稳抓牢，面向车内，监控车厢内的动态，防止旅客靠近防护网发生意外），列车长确认防护网固定状态和动车组状态后，通知动车组司机。动车组司机向列车调度员申请打开车门限速运行的调度命令。列车长根据现场情况指派专人在防护网处值守。

各小组到达责任监控门后，立即将通过台处旅客动员到车厢内，将车厢内端门设定在手动位并拉开，挂放带有“请勿通行，注意安全”标志的防护带进行防护，同时向列车长报告：“××车门防护作业完毕。”

故障排除后，列车长负责组织人员及时拆除防护网，并由列车员送回指定存放位置。

7. 动车组（高铁）列车在隧道内（高架桥）疏散旅客的应急处置

1）情况汇报

列车长立即播放临时广播，联系司机了解停车原因或接到司机通知后，立即向铁路局客服调度员报告停车时间、位置、车内人数等信息。

2）疏散准备

列车长在接到司机疏散旅客的指令后立即组织全体工作人员到5（13）号车厢召开会议，每节车厢选取两名旅客代表，明确疏散路线，确认线路状态，对乘务人员进行分工：乘警维持车内秩序，随车机械师准备逃生梯并进行安装（列车员配合），列车长、列车员、餐售员负责安抚旅客，帮助重点旅客，并准备好应急备品。列车长接到司机允许手动开门的指令后，指派列车员手动打开车门，随车机械师在3、6车架设防护梯并做好确认，列车长与乘警先行下车查看隧道内情况，明确疏散的线路。

3）组织疏散

列车长在确认疏散准备工作完毕后，通过广播向旅客宣传疏散程序和疏散重点注意事项。

具体分工为：3、6车两名旅客代表负责3、6车应急疏散梯车上防护，其他旅客代表负责协助列车工作人员引导旅客疏散。小号车列车员负责疏导1~4车旅客在3车下车，大号车列车员负责疏导5~8车旅客在6车下车，一名餐售人员负责3车车下防护，一名餐售人员负责6车车下防护，中号车列车员负责全列巡视、组织工作，列车长携带便携式扩音器高举引导旗或爆闪灯和乘警在前后做好引导，重联时按相应车厢对应实施。

4）照顾重点旅客

在疏散旅客的过程中，列车长要指派乘务人员对重点旅客进行帮助，发动旅客积极进行互助。

5）清点人数

旅客到达安全地点后，列车长立即组织乘务人员清点疏散后的旅客人数。

6）等待救援

列车长向客运（客服）调度员报告疏散情况和旅客停留地点，等待下一步救援。

8. 动车组（高铁）列车发生重大疫情的应急处置

1）立即报告

动车组（高铁）列车发现疑似鼠疫、霍乱、新冠肺炎等重大疫情的病例或接到动车组（高铁）列车上有疑似病例的通知时，列车长、乘警应立即向司机和段调度室报告。

2）封锁隔离

列车长、乘警应组织传染病人、疑似病人和密切接触者就近隔离，紧急疏散其他旅客，封锁已经污染或可能污染的区域。

3）稳定情绪

乘警应维护好车内秩序，确保区域封锁、旅客隔离、站车移交等工作正常开展。

4）收集材料

列车长对传染病人、疑似病人和密切接触者进行认真登记，包括姓名、性别、年龄、家庭住址（工作单位）、身份证号码、票面信息等相关内容。

5）指定交接

列车调度员根据铁路局有关部门确定的处置方案，安排动车组（高铁）在指定车站停车。列车长接到司机指定站停车的通知后，将传染病人、疑似病人、密切接触者和其他需要跟踪观察的旅客及相关资料移交车站和铁路疾控部门处理。

6）解除封锁

铁路疾控部门上车对已经污染或可能污染的区域进行消毒。由铁路疾控部门确认处置完毕后，方可解除区域封锁。

9. 动车组（高铁）列车发生旅客食物中毒的应急处置

1）立即报告

动车组列车发生旅客疑似食物中毒事件，列车长应立即向司机和段调度室报告。

2）组织救治

列车长立即赶赴现场，利用列车配备的医药箱，采取催吐、导泻等方法进行初步救治，同时通过广播寻找从事医务工作的旅客帮助抢救治疗，控制病情进一步发展，遇有中毒旅客必须临时停车送医院抢救时，列车长通过司机向列车调度员报告情况，请求临时停车命令，接到调度命令后，应编制客运记录，做好交接准备工作。

3）掌握情况

列车长要了解中毒旅客主要症状、人数、发病时间等情况，初步判断毒物根源或怀疑导致中毒的食物，立即向司机和段调度室报告，司机向列车调度员报告，由列车调度员、值班主任通知铁路疾控部门。发生 3 人以下具有疑似食物中毒症状时，列车长还应向前方停车站通报，并向段调度室和铁路局客运调度员汇报。怀疑投毒导致食物中毒时，同时向铁路公安机关报告，并做好相关记载，编写客运记录，做好向车站移交的准备工作。

报告内容：日期、车次、运行区段、发病时间、地点、病人主要症状、发病人数（包括危重人数及死亡人数）、可能引起中毒的食物等，要求车站采取的措施。

4）排查封存

乘警负责保护好现场、维护秩序，收集、保留、封存造成食物中毒或者可能致食物中毒的食物及其原料、器具，将病人的呕吐物样品一并封存，等待卫生防疫人员进一步调查。如不能排除食物中毒是列车供应食品所致，要停止列车食品供应，立即采取措施追回已售出的可疑食物或通知旅客禁止继续食用，防止事态进一步扩大。封存物经检验后，未被污染的食品，才可以解封。能确认导致食物中毒的食物是因配餐或某站出售的食物造成的，列车长应及时报告铁路局客运调度员，以便通知生产和销售部门停止生产和销售。

5）调查取证

列车长、乘警及时调查发病的原因，收集证据材料，了解旅客发病症状、进食史，并做好记录，形成第一手资料。做好对中毒病人基本情况的登记工作，以便协助卫生防疫等部门开展调查、诊断工作。

6）按章交接

列车长及时将记录和有关材料移交车站。

10. 动车组（高铁）列车发现“三品”的应急处置

1）立即报告

列车乘务人员在工作中发现可疑物品时，应现场寻找携带人，确认物品名称及性能。无人认领时，不得随意移动和开包检查，应妥善监管，坚守现场，立即报告列车长、乘警到场处理。

2）调查处理

列车长、乘警接到报告后，应立即赶往现场，封存可疑物品，编制客运记录移交前方停车站处理。列车上查出的“三品”应予没收，由乘警保管处理。对发令纸、鞭炮、烟花等物品立即用水浸泡。收集携带人、见证人的证实材料，视情节由公安部门处理。

3）按章移交

对列车上发现的“三品”应交最近前方停车站处理。设公安派出所的车站应由乘警按公安交接程序，向车站公安派出所移交。无公安派出所的车站，则由列车长编制客运记录移交车站处理。

任务 6.2 普速列车非正常情况应急处置

1. 发现精神病旅客的应急处置

（1）列车乘务人员要经常巡视车厢，发现旅客有语言、行为不正常迹象时要坚守岗位，密切关注。旅客确有突发癔症或精神病发作迹象时，立即通知列车长和乘警，要本着对人民生命财产高度负责的态度，认真对待。

（2）遇患精神病旅客狂躁发作，危及自身及其他旅客人身安全时，应动员周边旅客协助，采取强制措施，将该旅客带到远离旅客密集区的合适处所安置，但不要脱离旅客，并派专人（乘务员、乘警）看护，防止发病旅客从车窗、车门跳车，乘务员要及时检查车窗、车门，确保安全。

（3）列车长、乘警应采取果断措施，乘警应进行搜身以防发病旅客用器械伤人或贵重物品散失。列车长应检查旅客车票、携带品及有关证件，取得不少于两份的旅客旁证材料。

（4）利用广播求助从事医务工作的旅客到场协助诊治（登记其姓名、身份证号码）。

（5）条件允许时可与旅客家属取得联系，在到站或换乘站接应。列车长编制客运记录移交旅客到站或换乘站处理。情形严重时交列车运行前方停车站处理。

（6）车站向列车移交无人护送的精神病患者，列车长可拒绝接受。对有人护送或由车站工作人员和公安人员护送的精神病患者，列车要向护送人员介绍安全注意事项，并予以协助，给予方便。

（7）遇患精神病旅客上厕所时，要设专人监护，厕所门不能锁闭，要留有缝隙，防止发生意外。

（8）列车上发现无人护送的无票精神病患者时，列车长应编制客运记录交三等及以上车站处理。

2. 旅客发生疾病的应急处置

（1）列车长要立即组织救治。通过广播找从事医务工作的旅客，协助诊治病情，并详细记录其单位、姓名、联系方式。

（2）列车长对发病旅客的车票、身份证号码、工作单位、携带物品、有无同行人等信息进行认真调查，做好记载。

（3）乘务员不要随意给旅客用药，要在有医嘱的情况下，让旅客自己服用，防止旅客用药不当引起其他后果。

（4）列车上无从事医务工作的旅客时可尊重旅客本人意见，由列车工作人员协助治疗。确实病重需要抢救时，列车长通过电话向所在铁路局客运调度员报告，联系前方站进行抢救，并取得不少于两份知情旅客的旁证材料。

（5）直达特快列车旅客发生急病，危及生命需要中途停车治疗时，列车长要用设在检车乘务员处的无线对讲机、电话与客运调度员、司机联系，将情况详细说明，在能够救治的车站停车，列车长编制客运记录办理移交，由车站送至就近医院进行抢救。

（6）向上级汇报。

3. 发生旅客挤伤手脚的应急处置

（1）列车乘务员要做好针对旅客的安全宣传工作，重点向停留在车内容易发生伤害地点的旅客进行宣传，告诫旅客不要将手、脚放在车厢连接处，端门口，厕所门口，乘务室门口，锅炉、茶炉门口等容易挤伤旅客手脚的地方。

（2）旅客在列车上，不慎因其他旅客或自己被车门、车窗等挤伤手、脚或其他部位时，列车员可对伤口进行包扎处理。

（3）视伤势情况，听取旅客意见，坚持原则，灵活处理。如旅客伤势较轻，不需治疗，可尊重旅客意见，双方写出书面材料备查。

（4）如受伤旅客提出要求，需下车治疗，应移交前方县、市所在地车站或者当地具备公共医疗条件的停车站。办理移交手续时，列车长应当编制客运记录和旅客携带物品清单一式两份，一份由列车存查，一份连同车票、证明材料、相关证人联系方式等一并移交。

（5）拍发旅客伤害事故电报，另收集不少于两份周围旅客的旁证。

4. 发生盗窃案件的应急处置

（1）在车厢内发生旅客物品丢失时，列车员要立即通知列车长、乘警到场，调查丢失原因。如确实是在列车上发生物品丢失，要千方百计地协助查找。由乘警审查嫌疑人，列车长予以协助。

（2）在车门口要认真组织旅客乘降，防止旅客因拥挤造成物品丢失。在车门发现盗窃人员要及时提醒旅客注意，发现盗窃时要及时制止，并立即通知乘警、站警和列车长，并向公安人员提供现场情况信息，注意保护自身安全。

（3）旅客在上车站遗忘或丢失物品时，列车长要根据旅客提供的线索通知车站协助查找。

（4）详细记录旅客姓名、性别、国籍、民族、年龄、身份证号码、职业、单位、住址、发到站，丢失物品名称、件数等。

（5）旅客下车后，列车工作人员在车上找到的物品，要尽最大努力归还失主，一时联系不上失主时，可按旅客遗失物品交车站处理。

5. 夜间运行中突然停电的应急处置

（1）列车乘务员要及时打开应急灯，并立即通知车辆乘务员到场处理。

（2）列车长、乘警应及时到达现场，维护车内旅客秩序，加强治安管理。

（3）停电车厢列车员要坚守岗位，封闭两头端门，防止发生意外。

（4）严禁使用明火照明。

（5）发生个别车厢运行途中照明不能及时修复时，列车长、乘警、乘务人员要向两端有照明的车厢疏散旅客。

（6）冬季电暖器停止工作时，要关好两头端门，注意车厢内的保暖，条件允许时可以为旅客添加棉被或在列车长的统一指挥下，为旅客调换车厢。

（7）夏天列车空调无法使用时，在不能调换车厢和立即修复的情况下，列车长应指挥列车员打开车厢内的车窗和两头端门，同时准备一些湿毛巾等物品供旅客使用并保证开水供应。

（8）在空调和取暖设备发生故障时，如旅客提出退票，列车长应及时请示段领导，按领导指示认真做好处理工作，化解矛盾，稳定旅客情绪。

6. 运行途中因车辆故障甩车的应急处置

（1）列车运行途中因车辆故障甩车时，列车长要立即向运行所在地铁路局、本局和段报告。

（2）做好向车厢内旅客进行解释的工作，并组织好旅客有秩序疏散。尤其要做好重点旅客的相关工作。

（3）发生临时甩车，列车铺位、席位不能满足旅客需求时，列车长要将宿营车铺位腾出供旅客使用。

（4）因车辆故障甩车造成旅客变更座别、铺别时，所发生的票价差额，应补收的不补收，应退款时，由列车长编制客运记录，到站退还票价差额，已乘区间不足起码里程时，退还全程票价差额，变更区间不足起码里程时，按起码里程计算。均不收退票费。

（5）产生旅客退票时，列车长要及时按规定编制客运记录、拍发电报。

（6）当发生故障须甩挂车辆时，要及时向铁路局客运调度员及段领导请示是否留客运乘务人员看守。如不用看车，要将车内备品移到其他车厢保管。如需要看车，列车长要安排经验丰富、有单独工作能力、责任心较强的男职工留守，并做好乘务工作准备。

（7）由于车辆发生故障造成本次列车欠挂，要及时和铁路局客运调度员、段调度室沟通，是否发电报听从指示，防止返程时由于欠挂造成旅客没有座席或铺位。

7. 遇列车空调发生故障的应急处置

（1）乘务员要经常巡视车厢，及时关闭车门、车窗，观察调整车内温度。发现空调故障及时通知车辆乘务员和列车长，列车员不得擅自维修和违章操作空调设备。

（2）当空调控制处自动位，车内不能达到标准温度时，由车辆乘务员将空调控制打到手动位。车内达到温度标准时，恢复自动位后，由车辆乘务员交列车员监控。

（3）空调故障短时间内无法修复时，列车长要做好旅客服务工作，组织乘务员打开车窗，做好通风工作和开水供应，不得激化矛盾，在邻近车厢有条件时可将故障车厢的旅客调到其他车厢，化解矛盾。

（4）遇有旅客提出退票，列车长要及时向段领导汇报，听候指示。

8. 旅客列车发生火灾、爆炸事故的应急处置

旅客列车发生火灾、爆炸事故时，全体乘务人员必须按照分工坚守岗位，不得擅离职守。第一发现者要迅速对火情或爆炸做出初步判断，决定扑救或抢救方案。应本着小火组织扑救，大火紧急停车的原则，果断处理。列车长、乘警根据实际情况，按防火、防爆预案，灵活、果断地采取得力措施，进行紧急处置，最大限度地减少伤亡损失。

（1）发生小火时，列车员应立即通知列车长、乘警到场，进行灭火扑救工作。卧具燃着用水，电器燃着用水雾灭火器，餐车过油槽燃着用灭火沙垫、灭火毯等进行扑救。同时稳定旅客情绪。电器着火时，应立即切断电源，打开应急照明。

（2）发生大火时。

① 立即停车。使用紧急制动阀停车时，严禁在桥梁、隧道、涵洞、道岔处停车；遇有长大下坡道，风表下降 100 kPa 时，不许再使用紧急制动阀停车。

② 疏散旅客。将旅客有序疏散到邻近车厢。如需组织旅客到车下疏散时，列车员要打开列车运行方向左侧的车门或车窗，协助旅客下车，禁止打开右侧车窗或车门，防止邻线来车发生意外。有必要时，使用车厢两端过道墙壁上的安全锤打碎运行方向左侧的车窗玻璃，进行排烟，防止因烟大发生旅客窒息死亡。条件允许时，将旅客的行李及随身携带品一同搬运至车下或邻近车厢。同时监控与火灾有关的重点人员并交给乘警处理，尽力保护好现场。

③ 迅速扑救。列车长、乘警在接到报告后，应立即组织列车义务消防队按照“单抢、双灭”的分工，集中全列的灭火器具，积极进行扑救，防止火势蔓延。在电气化区段，使用水或灭火器扑灭车厢顶部火苗时，要与接触网的带电部分保持 4 m 以上的距离，如距离小于 4 m 时，在接触网未停电、接地的情况下，只可使用沙土进行灭火，同时拨打“119”报警电话请求救援。

④ 切断火源。如火势较大，需要分割列车时，车辆、机车乘务员共同将起火车辆与其他车辆分割不少于 8 m 的距离（风力较大时可适当延长），防止火势蔓延。列车长要组织列车员按照司机和检车员的提示对起火的车辆采取就地制动，各节车厢的列车员在此期间要坚守岗位，稳定车上或车下旅客的情绪。确认火灾被彻底扑灭后，列车长通知检车长指挥司机、检车员将过火车辆连挂到本列（不能编组时除外），同时松开手制动机，确认连挂后，组织旅客上车，通知尾部防护安全员撤除防护，进行贯通试验后，组织开车。

⑤ 设置防护。停车后，列车长及乘务员听从检车员指挥，迅速做好列车尾部和邻线的防护。并用无线对讲机报告两端车站和列车调度员（备用联系方式：列车长、检车员、安全员等要与列车司机交换手机号码，以备对讲机联系不畅时使用）。

⑥ 报告救援。检车员或列车长要尽快向行车调度、段领导报告事故情况，请求救援。报

告内容要简明扼要，具体包括：车次、编组、时间、地点、火势情况、伤员情况等。并应迅速向当地政府、公安机关和驻军请求支援，尽量缩小损失和影响面，尽快开通区间。

⑦ 抢救伤员。在迅速扑救火灾的同时，将受伤旅客抬离火场，并积极抢救伤员。

⑧ 保护现场。列车长、乘警指定专人看守起火现场，不准无关人员进入，列车乘务人员要采取多种措施做好宣传工作，稳定旅客情绪，维护秩序，以免发生混乱和旅客物品的丢失，并做好对物品的登记。

⑨ 协助查访。全体乘务人员要积极协助公安机关调查火灾情况，积极提供线索，帮助调查取证。

⑩ 认真取证。列车长、餐车长、知情乘务员、乘警和检车员（发电车乘务员）应及时了解、掌握火灾事故原因，要以最快的时间查访第一发现人，并做好取证笔录（不少于两份），分清是电火、明火还是易燃品火灾，分清责任，形成完整的材料带回段内，并随时准备向铁路局客运调度员汇报。

9. 旅客列车严重超员发生弹簧压死的应急处置

（1）旅客列车发生严重超员时，列车长要及时向前方各站（根据旅客乘降情况确定区段）拍发超员电报，明确告知停售票、停检票区段，同时要抄知前方各站的相关铁路局主管部门及客运调度员，抄知本段及本局主管部门及客运调度员。

（2）在始发站遇有列车严重超员时，列车长要及时拍发电报。如车站不受理时，列车长应会同乘警共同向车站值班客运主任或客运人员递交电报稿，车站再次拒绝时列车长应主动将电报稿撕下，交给当班客运人员，并在留存页上记载时间和交给当班客运人员的胸章号或臂章号。电报发出后，前方站还继续组织旅客上车危及人身安全时，列车长要对旅客生命财产高度负责，要连续向有关局、站拍发电报。

（3）在始发站、中间站遇有列车严重超员，车门关不上时，列车长应主动向车站值班员报告，不准开车，必须等旅客进入车厢，车门关上后方可开车。

（4）列车长要与车站密切配合，根据列车超员的实际情况，组织乘务员对旅客密集车厢进行疏导，避免产生个别车厢弹簧压死的现象。发生弹簧压死现象，当两节车厢钩差 75 mm 时，要及时通知车站值班员，坚决不准开车。乘务员要做好旅客疏散工作，由车辆乘务员确认车辆转向架弹簧、车钩状态，检查、确认恢复正常后，在能保证安全的情况下方可开车。

（5）在列车严重超员的情况下，当班乘务员要经常在车厢内巡视，遇有危及旅客人身安全的情况时，要及时采取措施，确保旅客旅行安全。

任务 6.3 高铁车站非正常情况应急处置

1. 车站发生火灾、爆炸事故的应急处置

（1）车站工作人员发现或接到旅客反映站内有爆炸、明火、冒烟或消防设施报警时，应立即报火警并向车站值班干部报告。车站值班干部通知有关人员立即到现场确认和处置，同时赶赴现场。

（2）在确认发生火灾、爆炸后，车站值班干部负责现场指挥救援，并将事故情况首先上报铁路局客运调度员，之后将事故情况逐级上报。

（3）现场工作人员应组织旅客安全有序地撤离事故现场，同时做好受伤人员的紧急救护和重点旅客的服务工作。

（4）车站工作人员应配合公安部门保护好事故现场，并积极协助调查取证。

2. 车站动车组列车晚点的应急处置

（1）动车组列车运行晚点超过 15 min 时，车站应及时与调度所客运调度员联系，了解晚点原因和列车运行情况，代表铁路向旅客致歉，并通报晚点原因，每次致歉间隔时间不超过 20 min。

（2）车站应掌握售票、候车及旅客滞留情况，维持好站内秩序，并立即向客运主管部门报告。

（3）列车晚点 1 h 及以上且逢用餐时间时，车站应免费为等候该次动车组列车的旅客提供饮食品；并按调度所客运调度员的安排，为晚点动车组列车提供饮食品。

（4）车站应加强宣传，及时发布列车运行信息公告，积极地为旅客办理退票、改签等工作。

（5）遇上述应急状况发生时，由调度所客运调度员通知 12306 客服中心解答的口径，以便客服代表回复旅客的咨询和投诉。

3. 车站发生重大疫情的应急处置

（1）车站发现疑似鼠疫、霍乱、新冠肺炎等重大疫情的病例或接到车站有疑似病例的通知时，应立即向铁路疾控部门报告。

（2）车站应隔离传染病人、疑似病人和密切接触者，紧急疏散其他旅客，并对有关人员进行登记。

（3）车站应封锁已经污染或可能污染的区域，由铁路疾控人员对该区域进行消毒。

（4）车站应将传染病人、疑似病人和密切接触者，以及其他需要跟踪观察的旅客及资料移交铁路疾控部门。铁路疾控部门确认处置完毕后，方可解除区域封锁。

（5）公安部门应维护好站内秩序，确保区域封锁、旅客隔离和疏散等工作正常开展。

（6）车站应积极配合现场的医疗和疾控部门工作。

（7）遇上述应急状况发生时，由调度所客运调度员通知 12306 客服中心解答的口径，以便客服代表回复旅客的咨询和投诉。

4. 车站发生旅客食物中毒事件的应急处置

（1）车站发生旅客疑似食物中毒事件，应立即向铁路疾控部门和卫生监督部门报告。

（2）车站应对有关人员进行登记，封锁现场，封存可疑食品、餐具等。铁路疾控部门应收集中毒人员的呕吐物、排泄物待查。

（3）车站应积极配合现场的医疗和疾控部门、卫生监督部门工作。

（4）遇上述应急状况发生时，由调度所客运调度员通知 12306 客服中心解答的口径，以便客服代表回复旅客的咨询和投诉。

5. 车站突发大客流的应急处置

（1）车站突发大客流时，应立即组织人员维护好车站秩序，并通知铁路公安部门，铁路公安部门应增派警力协助车站维护秩序，必要时车站应请求地方政府、公安部门给予支援。同时向上级主管部门报告。

（2）车站应协调地方政府，利用电视、广播、报纸等媒体广泛宣传，引导旅客理性选择出行交通工具。

（3）车站应增开售票窗口，并维护好售票秩序。

（4）车站应加强候车组织，充分利用候车能力，做好重点旅客服务工作，必要时可“以车代候”。

（5）加强乘降组织，重点部位安排专人引导、防护，确保旅客进出站、上下车的安全。

（6）铁路局要加强运输设备和运输能力调配，组织加开列车，及时疏散客流。

6. 动车组列车发生故障需启用热备动车组的应急处置

（1）遇因启用热备动车组而造成车体定员变化时，客票管理所负责预留替换席位，车站应及时按照替换方案为涉及定员变化的旅客进行收回原票、换发新票操作。一等座变更二等座时退还票价差额，二等座变更一等座时不向旅客补收票款。旅客要求退票或改乘其他列车时，车站应及时为旅客办理退票、改签等手续。

（2）故障车停靠站台换乘时，应尽可能安排在同一站台面，不能在同一站台面换乘时，应组织旅客通过天桥或地道换乘，严禁跨越股道换乘。故障车在站内没有停靠站台时，换乘处置程序比照区间换乘热备动车组的处置程序办理。

（3）换乘时，站车应认真组织验票，严禁持其他车次车票的旅客上车。

（4）遇上述应急状况发生时，由调度所客运调度员通知 12306 客服中心解答的口径，以便客服代表回复旅客的咨询和投诉。

7. 车站恶劣天气下客运组织的应急处置

因恶劣天气（含暴雨、大雾、大雪、冰雹、台风等）影响动车组列车正常运行，调度所客运调度员应及时通知客运管理部门及沿线车站及滞留列车，客运管理部门应了解现场情况，指挥应急处置，站车及时进行公告并向旅客致歉。

（1）车站应及时公告动车组列车因恶劣天气影响非正常运行的情况。售票处、候车室、问询处等服务处所应做好对旅客的宣传和服务工作。

（2）车站应及时增开退票和改签窗口，为旅客办理退票、改签等手续。

（3）车站公安派出所应协助客运部门维护好售票、候车、乘降等秩序。

（4）车站应根据安排，及时为动车组列车提供餐食和饮用水。

（5）遇上述应急状况发生时，由调度所客运调度员通知 12306 客服中心解答的口径，以便客服代表回复旅客的咨询和投诉。

8. 列车运行中遇有旅客因伤、病必须临时停车抢救的应急处置

动车组司机接到列车长请求后，立即向列车调度员或车站值班员报告，报告内容包括是否需要前方车站协调救护车到站抢救。列车调度员要及时安排列车在前方有医疗条件车站临时停车，列车调度员或车站值班员根据司机请求通知救护车到站实施抢救。

9. 发现客运站接触网断线或接到客运站接触网断线报告的应急处置

当车站、公安派出所发现客运站接触网断线或接到客运站接触网断线报告时，车站工作人员、公安民警要迅速在导线断线地点周围设置警戒区，确保人员远离断线地点 10 m 以外。并及时通知设备管理部门，设备管理部门应立即进行处置。

10. 客运专线旅服系统故障及非正常情况的应急处置

1）铁路局集成管理平台发生故障的应急处置

（1）集成管理平台发生故障无法对车站旅服系统进行操作和控制时，集成管理平台会向集控调度员、车站综控操作员发出报警提示，集控调度员和相关车站，将车站综控（应急）操作台切换至站控模式或应急模式，并通知技术维护人员进行抢修。

（2）集控车站在接到铁路局集成管理平台的故障通知后，应立即指定专人负责对本站应急操作台的操作，完成对车站旅服系统各功能模块的控制。

（3）接到集控调度员启动站控模式的命令时，应急操作员按照集控转站控要求办理。

（4）启动车站应急模式后，旅服系统即将中心信息接口定向到车站应急操作台，车站的应急操作台自动接收调度信息共享平台、客票系统等发出的相关信息数据，并负责对车站动态导向、广播、查询和自动检票设备进行控制。

（5）当铁路局集成管理平台恢复正常后，由集控调度员将车站应急操作台恢复至正常管理模式，旅服系统自动将中心信息接口重新定向为铁路局集成管理平台，恢复铁路局集成管理平台对车站旅服系统的操作。完成集成管理平台正常操作控制后，集控调度员通知车站恢

复集控模式。

2）旅服系统网络通信故障的应急处置

（1）铁路局集成管理平台与车站应急（综控）操作台发生网络通信故障，造成铁路局与车站间网络通信无法联系时，集成管理平台会向集控调度员、车站综控操作员发出报警提示，集控调度员和相关车站应及时启动应急模式，并通知技术维护人员进行抢修。

（2）集控车站接到铁路局集成管理平台有关网络故障的通知后，立即指定专人启动应急模式，并负责对车站旅服系统各功能模块进行操作和控制。

（3）车站不能自动接收列车调度阶段计划及到发股道、时间信息时，应启动应急模式，立即指定专人负责对本站应急操作台的操作，在《综控室工作日志》或《应急操作台工作日志》内登记，并在行车室与车站值班员签认，车站值班员应根据列车运行调整计划在列车到达前20 min将列车到发股道、时间信息通知车站应急操作台操作人员，遇有列车运行调度计划调整和列车晚点时，应一并通知。

（4）车站综控（应急）操作员应采用人工维护的方式，做好列车开行信息、列车实时运行信息等外部信息的维护，确保车站旅服系统各功能模块正常运行。

（5）如遇列车晚点、检票口调整等需对检票计划进行修改时，由车站操作人员登录铁路局中心自动检票系统，对自动检票计划进行相关修改、调整。

（6）当铁路局集成管理平台与车站应急操作台间网络通信恢复正常后，集控调度员将车站应急操作台恢复至正常模式，恢复集控调度台对车站旅服系统各功能模块的操作和控制，并通知相关车站。车站应急操作台操作人员及时在《综控室工作日志》或《应急操作台工作日志》内销记，并在行车室与车站值班员签认。

3）客票系统网络通信故障和检票闸机故障的应急处置

（1）车站工作人员发现客票系统网络通信故障或自动检票系统通信故障时，应立即向客运处客票管理所、信息技术所和铁路局集控调度台报告，并指定专人通过车站自动检票系统的应急操作平台，进入车站应急检票系统，将自动检票闸机切换到应急模式，采取人工方式对检票计划进行修改维护。

（2）铁路局集控调度员接到车站有关客票系统网络通信故障报告后，通知车站转为应急模式，车站综控（应急）操作员要根据列车实际运行信息，做好对车站自动检票计划执行情况的监控，确保旅客检票秩序正常。

（3）当客票系统网络通信恢复正常后，车站工作人员应及时向铁路局集控调度员报告，由集控调度员登录中心检票系统，将车站自动检票系统切换至正常模式，并将集成管理平台中的车站自动检票闸机状态切换到正常模式。

4）广播系统故障的应急处置

（1）广播系统故障后，集控台应立即通知值班主任，集控调度员通知故障车站综控室切换到应急广播，由综控（应急）操作员手动选择广播区域，按照广播内容进行人工广播，做到不缺项、不遗漏、不错播。

（2）如应急广播无法启动，综控（应急）操作员应立即通知站长、客运值班员，分以下两个区域加强组织。

① 候车大厅。通知站长（客运主任），组织人员准备好手提喇叭、小区广播和车次引导牌，在进站大厅、检票口进行宣传，将旅客引导至相应的检票口。综控（应急）操作员要与站长（客运主任）随时联系，将列车闭塞信息、列车开检和停检信息及时通知检票员，由检票员利用手提喇叭、小区广播对旅客进行宣传引导，防止旅客误乘、漏乘。

② 站台及出站通道、出站厅。通知各站台值班员，准备好车次引导牌和手提喇叭，安排人员在进站通道楼梯处、站台地道口、出站地道口和出站大厅进行宣传，引导旅客有序上下车，有序进出站，严禁旅客在站内滞留。

（3）故障排除后，综控（应急）操作员应及时报告站长（客运主任），由站长（客运主任）确认各处所广播是否完全恢复，综控（应急）操作员在得到站长（客运主任）确认故障排除的报告后，上报铁路局集控调度台。

5）发生检票闸机故障的应急处置

（1）检票员如发现闸机故障，不能自动检票，要及时打开人工检票口进行检票作业，不能影响旅客检票进站，并通知综控室，综控（应急）操作员应及时通知设备厂家进行维修。

（2）闸机钥匙必须放在检票员手里，保证发生闸机故障、卡票等问题时检票员能够及时处理。

6）列车大面积晚点的应急处置

（1）发生列车大面积晚点时，集控调度员应立即报告值班主任，值班主任根据具体情况决定是否转站控模式，并向铁路局集控管理部门主任（副主任）报告。

（2）集控调度员按照值班主任指示，及时通知相关车站站长转为站控模式操作。

（3）车站启动站控模式时，应急操作员应立即通知行车室车站值班员。行车室车站值班员应将列车调度员下达的列车运行计划及时向应急操作台下达，并做到双方复述确认。

（4）应急操作员根据接到的阶段计划对集成管理平台列车到发信息、接车股道进行调整，确保车站旅服系统各功能模块正常运行。

（5）因列车大面积晚点，车站转站控模式操作，广播设为手动模式，所以要对广播计划执行情况进行监控，发现广播未执行或执行失败时应立即手动执行操作。上下行两趟列车交会，广播作业执行时间相同时，按优先级执行。应急操作员要监控广播计划的执行情况，发现未执行的广播要及时手动执行操作。列车晚点 15 min 以上时，播放晚点致歉广播，做到通告及时、播放正确。

（6）因特殊情况需临时变更股道时（以收到行车调度命令或行车值班员电话通知为准），

要先通知候车室检票员和站台客运员，做好变更后的旅客乘降组织工作。

（7）启动站控模式后，集控调度员要对车站现场作业组织情况进行监控，发现问题及时通知车站。

（8）列车运行秩序恢复正常后，集控调度员应及时通知车站恢复集控模式，恢复铁路局集控台对车站旅服系统各功能模块的操作和控制。

7）冰雪天气的应急处置

（1）铁路局集控管理部门接到冰雪预警命令后，由集控调度台值班主任及时通知客运部领导。

（2）集控调度员负责停运、增开列车客运计划的删除、添加和生成工作。

（3）遇列车大面积晚点，列车调度员无法掌握列车运行时刻、不能下达阶段计划时，值班主任应及时通知各集控台转为站控模式。

（4）集控调度员应对站控模式下的车站作业进行监督，发现调整信息不准及广播不及时时立即通知车站，确保导向、广播信息发布准确。

（5）铁路局集控管理部门主任、值班主任要掌握重点车站的作业及现场指挥情况。

11. 自动售检票系统应急处置

1）自动售票系统

（1）车站出现部分区域或大面积自动售票机停售或售票速度缓慢时，应立即组织维护部门和设备维保单位进行故障排查，同时上报铁路局客运部，铁路局客运部协调设备维保单位、客票总体组和铁路局客票维护部门共同对故障进行排查，确定故障原因。出现大面积故障时，上报国铁集团运输统筹局。车站做好相应的应急处置、旅客组织和解释工作。

（2）客票系统、自动售票系统发生故障或网络中断时，车站暂停自动售票机售票，同时增加人工售票或应急窗口数量。

（3）因自动售票机车次查询业务量过大，导致自动售票机和人工窗口售票速度缓慢时，铁路局客运部通知车站停用部分自动售票机，同时及时增加客票系统查询服务器处理能力，满足查询业务需要。

（4）自动售票系统向客票系统申请连接失败时，铁路局根据客票系统运行情况，可适当扩大自动售票系统到客票系统连接池的连接数量。

（5）大量自动售票机不能正常换取互联网电子客票报销凭证时，车站可通过自动售票管理系统暂时取消自动售票机的换取报销凭证功能，并引导旅客通过车站人工窗口换取报销凭证。

（6）大量自动售票机出现银行卡支付失败时，车站可通过自动售票管理系统暂时取消电子支付功能，暂停仅提供银行卡支付的自动售票机的售票服务。

（7）故障修复后，铁路局通知车站终止应急状态，车站通过自动售票管理系统恢复自动售票机的正常功能。

2）自动检票系统

（1）车站出现部分区域或大面积自动检票机无法正常检验车票时，应立即组织维护部门和设备维保单位进行故障排查，同时上报铁路局客运部，铁路局客运部协调设备维保单位、铁路局客票维护部门共同对故障进行排查，确定故障原因。出现大面积故障时，上报国铁集团运输统筹局。车站做好相应的应急处置、旅客组织和解释工作。

（2）自动检票系统应急模式启用步骤。

① 车站登录本站自动检票应急系统，将故障自动检票机的检票服务器地址设置为本站自动检票应急系统服务器地址。

② 车站通过自动检票应急系统重启本站所有故障自动检票机。

③ 车站启动自动检票系统应急模式后，仍无法正常办理检票业务时，上报铁路局客运部，经批准后，车站及时增加人工检票口，并按照《互联网售票应急处置管理办法》的有关规定执行。

（3）故障修复后，铁路局通知车站结束自动检票系统应急模式。

① 车站登录本站自动检票管理系统，将故障自动检票机的检票服务器地址恢复为原自动检票系统服务器地址。

② 车站通过自动检票管理系统重启本站所有故障自动检票机。

任务 6.4　普速车站非正常情况应急处置

1. 车站客流量猛涨的应急处置

暑运、春运、节假日及大型活动之前，客流量较大车站主管站长必须亲自审批日班计划，掌握客流动态。

遇有因运行秩序原因造成旅客列车密集到达和客流迅速上涨时，车站应采取分散候车措施，候车室、检票口等处要加强组织，维持秩序，并随时清理站内滞留人员。严格执行规定作业程序，按规定间隔时间安排专人指挥，旅客凭票候车，分区截流，横向切块、纵向成行，提前预检，专人带队，分批乘降，有序组织。

在站台、地道、天桥等旅客通道处增加人力，加岗引导，防止对流、挤伤、踩伤。

2. 站车遇有突发性治安事件的应急处置

（1）在车站候车室、售票室、站台或在列车上发生突发性治安事件时，现场工作人员应立即报告公安部门（车站工作人员向派出所公安人员、列车工作人员向乘警），同时报告上一级领导。

（2）客运主任和列车长接到报告后要立即前往现场，组织维持秩序，并保护现场，协助公安部门调查取证。

（3）要千方百计组织抢救受伤人员，编制记录，送当地医院治疗。

3. 车站遇有突发性危重病人的应急处置

持有车票的旅客在车站候车期间发生急病时，车站应立即送至合同医院急救。

4. 车站发生旅客食物中毒的应急处置

（1）及时报告。车站应向有关部门（所属铁路疾控中心或前方铁路疾控中心，铁路局客运部、劳卫部）及时报告。报告旅客发病的时间、地点、患者人数、餐饮食物名称，要求派员处理。

（2）安置病人。车站做好记录，将病人送当地或最近市、县医院及时抢救。

（3）保护现场。稳定旅客情绪，封存可疑食物、呕吐物样品，停止销售可疑食物，追回售出可疑食物，等待卫生监督人员到现场查验。

5. 旅客突发精神病的应急处置

（1）在车站候车室、售票厅和站台上遇有旅客突发精神病，值班人员要立即向车站和派出所报告。

（2）客运值班员应会同公安人员共同处理。对无人护送的精神病旅客要与公安人员一同将其安置在安全地点，禁止乘车，并及时通知其家属；对有人护送的精神病旅客应协助护送人员做好安全防范工作。

（3）对有人护送的精神病旅客乘车时，客运值班员应编制客运记录与列车长办理交接，由列车协助护送人员防止发生意外。

（4）对列车移交和本站发现的精神病旅客的车票，要由客运值班员妥善保管，根据实际情况办理退票、改签或延长有效期等手续。

6. 发生旅客生病、死亡事件的应急处置

（1）在车站候车室、售票厅和站台上，旅客突发疾病，值班人员要立即向车间、车站和派出所报告。

（2）客运值班员负责把旅客送到医院急救，如果旅客患的是传染病，应将旅客送至传染病院。

（3）对列车移交和本站发现的发生急病旅客的车票，要按照旅客的要求办理退票、改签或延长有效期手续。

（4）持有车票的旅客在候车室、售票厅和站台上发生死亡时，站长、客运主任应会同公安部门共同检验，按照旅客伤害的处理办法处理。

（5）无票人员，在站台上发生疾病或死亡时，由车站负责处理；在候车室、售票厅和广场等地方发生时，由车站负责通知地方有关部门处理。

7. 发生旅客伤亡事故的应急处置

（1）在站内、区间发生旅客伤亡事故时，当班人员要立即向车站和派出所报告，站长、

客运主任应会同公安人员到现场进行勘察，检查旅客受伤情况和随身携带品，并做详细记录，收集不少于2人的受害人、同行人和旅客见证人的证实材料。对受伤旅客，编制客运记录(或介绍信)，送到就近医院急救，并通知其家属。

(2) 站长、客运主任负责拍发事故速报，事故速报内容如下。

① 事故种类。

② 发生日期、时间、车次。

③ 发生的地点、车站、区间、里程。

④ 伤亡旅客姓名、性别、国籍、民族、年龄、职业、单位、住址。

⑤ 车票种类、发到站、票号、身份证。

⑥ 事故及伤亡简况。

(3) 如果旅客已死亡，车站应将旅客的尸体存放在医院或派人看守，待上级主管部门前来处理。

8. 发生火灾爆炸事故的应急处置

(1) 车站发生火灾事故。

① 当车站发生初起火灾时，现场人员应立即扑救并及时向值班干部报告，发生大型火灾要立刻拨打119报警电话。值班干部接到报告后，应迅速赶到火灾现场，负责指挥扑救火灾工作。

② 值班干部是火灾现场指挥员，当班人员必须无条件服从命令，听指挥。遇电器发生火灾时，所在岗区人员首先应负责切断电源，然后再组织扑救。

③ 广播员负责向119报警台或上级汇报，并通过广播向有关人员下达指令，告知有关人员疏散旅客等事项。

④ 其他人员立即各负其责，进行扑救。

⑤ 值班员负责组织疏散旅客，指挥旅客从安全门撤出。要特别关注病危和受伤旅客，迅速组织疏散，保证旅客安全。

(2) 车站发生爆炸事故。

① 当车站发生爆炸事故时，值班干部及客运人员要立即赶赴现场，同时通知车站公安派出所。

② 首先控制现场秩序，保护好现场，安抚旅客情绪，了解受伤旅客情况。

③ 发现受伤人员，应立即送往就近医院救治。

④ 配合公安派出所对现场进行调查取证。

9. 旅客列车临时变更停靠站台的应急处置

(1) 遇有因特殊情况，造成旅客列车临时变更停靠站台或股道时，广播室要及时通告接车人员做好接车和防护准备，加强安全宣传，防止旅客或行人钻车、横越线路。

（2）客运接车人员接到广播通告后，应及时组织旅客到列车所停车的站台乘车，并负责组织本岗区的旅客进行乘降。

（3）遇有需要越过站内停留列车时（无跨线设备），车站或车间值班干部必须到场负责组织指挥，由客运值班员负责与运转值班员联系拉开道口，组织旅客经过道口到达所停车的站台，不能拉开道口时，由客运值班员安排专人引导旅客绕行，并指派专人在停留列车背面负责防护。

10. 旅客突发烈性传染病的应急处置

（1）在车站候车室、售票厅和站台上的旅客突发烈性传染病时，值班人员要立即向车站和上级部门报告，并及时通知卫生防疫部门。

（2）客运值班员应按照卫生防疫部门的指示，将旅客送至指定的传染病院进行急救。

（3）车站应积极采取隔离和控制措施，防止病情的蔓延和传播，对于与烈性传染病有过密切接触的旅客，应进行登记，待铁路疾控中心人员到达后进行处理。

（4）对烈性传染病旅客污染的场所和可能污染的区域进行认真消毒。

（5）车站职工要做好自身的安全防护工作。

（6）烈性传染病旅客的车票，要按照旅客的要求办理退票、改签或延长有效期手续。

11. 汛期的应急处置

（1）汛期车站（车务段）、车间要加强干部值班值宿，每天保证 24 h 有干部在岗。

（2）畅通信息，建立汛情信息反馈和通报制度，做好汛情信息反馈和通报工作。

（3）掌握防汛关键地段和具体情况，指定专人收听天气预报，及时传达汛情，遇有降大雨、暴雨时，认真监控，发现汛情，及时向上级有关部门汇报并及时启动防汛预案。

（4）当站内积水，影响旅客通行及乘降时，接车客运人员应在车站、车间干部的统一指挥下，做好防护工作，引导旅客进出站和组织好旅客乘降。

（5）当发生水害，造成线路中断、旅客滞留时，车站要与列车密切配合，由各级值班干部亲自负责指挥，妥善安排被阻旅客和行包，根据列车运行情况，按方向积极组织疏导被阻旅客和行包。

（6）因水害，造成列车停运或晚点时，车站要及时向旅客进行通报，并按规定办理好旅客的退票和改签工作。同时，加强广播宣传，稳定旅客情绪，对重点旅客进行重点照顾，并做好为旅客送水、送药、送食品等工作。

参考文献

[1] 兰云飞，宋保卫. 高速铁路客运规章. 北京：北京交通大学出版社，2017.